오직 성령으로

Only by the Holy Spirit

오직 성령으로

이영훈 지음

성령 안에 거하며
성령의 열매로 복음을 증거하라

Only by the Holy Spirit

교회성장연구소

_____ 님께

성령님과 동행하며

날마다 예수님을 닮아 가길 소망합니다.

May you walk with the Holy Spirit and

everyday grow more like Jesus.

님께 _____

성령님과 동행하며

날마다 예수님을 닮아 가길 소망합니다.

May you walk with the Holy Spirit and

everyday grow more like Jesus.

오순절 날에 성령을 부어 주심으로 마가 요한의 다락방에서 첫 교회가 탄생했습니다. 성령을 받기 전에 제자들은 영적인 일에 무지했고 무기력했습니다. 그러나 성령의 충만함을 받고 난 후 담대하게 예수님을 전하는 능력의 사람들로 바뀌었습니다.

능력의 사람이 되고 싶다면 우리도 성령의 충만함을 받아야 합니다. 성령충만을 받으면 능력 있는 신앙인이 되어 땅 끝까지 복음을 전하는 복음의 증인이 됩니다. 성령충만을 받으면 죄악을 이기고 세상을 이기는 능력 있는 그리스도인이 되는 것입니다.

'성령세례침례'는 성령 안에 잠기는 것입니다. 성령 안에 잠겨 성령으로 충만케 되는 것입니다. 성령세례침례를 받을 때, 성령이 우리에게 임하실 때 우리의 옛사람은 불로 태워지고 새 사람으로 변화됩니다. 오순절 날 성령은 급하고 강한 바람같이, 불의 혀같이 임하셨습니다. 바람이 형체는 보이지 않지만 분명히 존재하고 부는 것처럼 성령도 확실하게 역사하시고 우리 곁에 항상 계십니다.

또한 불같이 임하셔서 우리가 이 세상에서 살아갈 동안 마귀가 놓은 올무와 덫에 걸리지 않고 성공적인 삶을 살도록 길을 환하게 비춰주십니다. 나아가 불같은 성령님이 우리에게 오시면 우리 속에 있는 육신의 정욕, 안목의 정욕, 이 세상 자랑을 불태우시고 우리를 불같은 예수님의 증인이 되게 하셔서 앉으나 서나 예수 그리스도가 구세주이심을 전하게 하십니다.

　　성결한 삶을 살기 원합니까? 세상에 나아가 승리의 삶을 살기 원합니까? 능력 있는 복음의 증인이 되기를 원합니까? 성령의 열매를 맺고 행복한 삶을 살기 원합니까? 그렇다면 성령충만을 받아야 합니다. 날마다 성령으로 충만해서 주님 앞에 가는 그날까지 주님과 동행하는 삶을 살다가 주님께서 부르실 때 기쁨으로 우리 주님을 맞이해야 합니다. 『오직 성령으로』가 그 자리로 여러분을 초대합니다.

여의도순복음교회 담임목사

이 영 훈

CONTENTS

Part 2 ───────── 성령에 사로잡히다

Part 3 ___ 성령으로 예수님을 닮아 가다

PROLOGUE

기독교 신앙에서 가장 중요하면서도 이해하기 어려운 교리가 삼위일체 교리입니다. 삼위일체는 기독교 신앙에 신비라고 할 수 있는데 하나님은 한 분이심과 동시에 성부 하나님, 성자 예수님, 성령 하나님 삼위로 존재하십니다. 이러한 삼위일체 하나님은 오늘날에도 우리에게 역사하십니다.

구약시대는 삼위일체 하나님 가운데 성부 하나님밖에 몰랐습니다. 그런데 신약시대에 와서 예수님께서 "나와 아버지는 하나이니라"요 10:30고 말씀하셨고 이때 하나님밖에 모르던 유대 종교 지도자들이 예수님을 이단시하며 십자가에 못 박아 죽였습니다. 성경을 가장 잘 안다고 하는 성경학자들이, 유대인의 지도자라고 하는 사람들이 하나님의 아들이신 예수님을 십자가에 못 박아 죽인 이유는 단 하나 바로 '신성모독'입니다. 그들은 '어떻게 사람이 자기를 하나님이라고 말할 수 있느냐'라고 생각했던 것입니다. 그러나 예수님은 십자가에 못 박혀 죽으신지 3일 만에 부활하심으로 당신이 하나님의 아들이며 그리스도 되심과 동시에 참 하나님이심을 온 세상에 알리셨습니다.

성경에는 삼위일체 하나님을 가르치고 선포하고 있습니다. '성부 하나님이 계시고, 성자 예수님이 계시고, 성령 하나님이 계시다'라고 기록되어 있습니다.

"주 예수 그리스도의 은혜와 하나님의 사랑과 성령의 교통하심이 너희 무리와 함께 있을지어다"_고린도후서 13:13

마태복음 28장 19절에 "그러므로 너희는 가서 모든 민족을 제자로 삼아 아버지와 아들과 성령의 이름으로 세례침례를 베풀고"라고 말씀하셨습니다. 분명히 '아버지와 아들과 성령'의 이름으로 세례침례를 베풀라고 하셨는데 사도행전 기록에 의하면 예수님을 믿는 사람들에게 세례침례를 줄 때 예수님의 이름으로만 베풀었습니다.

"베드로가 이르되 너희가 회개하여 각각 예수 그리스도의 이름으로 세례침례를 받고 죄 사함을 받으라"_사도행전 2:38

"이는 아직 한 사람에게도 성령 내리신 일이 없고 오직 주 예수의 이

름으로 세례_{침례}만 받을 뿐이더라"_사도행전 8:16

사도행전에서는 왜 예수님의 이름으로만 세례_{침례}를 베풀었을까요? 그것은 당시 예수님을 믿는 1차 대상이 유대인이었기 때문입니다. 유대인은 이미 하나님을 믿는 사람들이었기에 하나님에 대한 믿음을 다시 고백할 필요가 없었습니다. 예수님이 그리스도임을 믿고 그 사실만 고백하면 되기에 예수님의 이름으로만 세례_{침례}를 베풀었던 것입니다. 고넬료 또한 이방인이었지만 하나님을 잘 섬겼기에 예수님의 이름으로만 세례_{침례}를 받았습니다.

이후 이방인들이 세례_{침례}를 받으면서 삼위일체를 받아들이게 되었습니다. 전 세계에 하나님을 모르는 사람들이 예수님을 믿고 하나님을 아버지라고 고백하게 되면서 교회는 세례_{침례} 문답을 했습니다. 세례_{침례} 문답은 삼위일체 하나님을 믿고 인정함과 동시에 구원의 확신을 다시 확인하는 것입니다.

첫째, "당신은 온 우주 만물을 지으신 창조주 하나님을 믿습니까?"

둘째, "당신은 예수 그리스도가 구세주이심을 믿습니까? 예수 그리스도가 동정녀 마리아에게서 탄생하시고 십자가에서 고난 당해 죽으시고 부활하셨으며 다시 오실 것을 믿습니까?"

셋째, "당신은 성령을 믿습니까? 성령님이 교회 가운데 함께 하시고 성도들의 삶에 함께 계심을 믿습니까?"

이렇게 세 가지 질문에 "아멘"으로 고백할 때 세례침례를 받았다는 것이 A.D. 130년쯤 기록된 디다케Didachē, 敎訓라고 하는 예수님의 열두 제자의 교훈을 정리한 책에 나와 있습니다. 이방 사람들에게 복음이 증거되고 그들이 예수 그리스도를 믿음으로 구원받고 하나님의 자녀가 될 때 성부, 성자, 성령의 이름으로 세례침례 의식이 이루어졌습니다. 그들은 예수님을 믿을 때부터 성부 하나님, 성자 예수님, 성령 하나님을 다 믿고 의심 없이 받아들였습니다.

기독교가 A.D. 64년 로마 네로Nero 황제 때부터 이후 열 명의 황제를 거치면서 약 250년간 심한 박해를 받기도 했으나, 313년 로마 콘스탄티누스 1세Constantinus I 황제가 기독교를 공인한 후로 많은 변화가 생겼습니다. 이방 종교를 믿는 사람들이 황제에게 잘 보이기 위해서 하루아침에 "저도 기독교인이 됐습니다"라고 고백하는 것입니다. 그렇게 많은 다신론자가 예수님을 믿는다며 교회에 들어왔고 그들은 여전히 여러 신을 섬겼습니다. 그러다 보니 그들은 삼위일체에 대해서 별다른 의미를 두지 않고 받아들였습니다. '아! 기독교에는 신이 셋이구나! 하나님이라는 신도 있고, 예수님이라는 신도 있고, 성령님이라는 신도 있구나!'라고 여겼던 것입니다.

또한 인간의 지식과 이성으로 연구하며 '하나님이 제일 위에 계시고, 하나님보다 조금 못한 둘째 하나님이 예수님이고, 그다음에 하나님의 능력과 힘으로 나타나는 성령님이 계시다'라고 생각하며 삼위 하나님에 대해 차등을 두고 믿는 사람들도 생겨났습니다.

상황이 이러다 보니 교회 내에서 가르침이 서로 맞지 않자 이를 통일하고자 325년에 로마 콘스탄티누스 1세 황제가 각 지방에 있는 교회 대표들을 니케아Nicaea에 다 모이게 했습니다. 이 문제를 해결하기 위해 325년 5월부터 장장 42일 동안 회의했습니다. 그리고 내린 결론이 '예수님은 하나님이시다'였습니다. "한 분 하나님을 믿으며, 예수 그리스도는 아버지와 본질이 같으신 하나님이시다"라는 고백을 한 것입니다.

42일이라는 긴 기간 회의했지만, 성령님에 대해서는 의논할 시간이 없었습니다. 워낙 예수님이 누구신가에 대한 논쟁이 심했기 때문입니다. 이후 성령님이 성부 하나님과 동일한 본질이시라는 고백을 한 것이 381년 콘스탄티노플Constantinople에서 열린 콘스탄티노플 회의입니다.

우리는 성령님에 대한 신학적 해설에 대한 배경을 정확히 알아야 합니다. 그래야 삼위일체를 온전히 이해할 수 있습니다. 성령님이 누구신지, 성령님에 대해 예수님은 어떻게 가르치시는지, 우리에게 나타난 성령님의 역사는 어떤 것인지 바로 알아야 합니다. 성령세례침례와 성령충만, 성령의 은사, 성령의 열매에 대해서 정확히 알고 이해할 때 성령충만을 받고 성령의 열매를 맺고 성령님과 함께 예수님의 증인이 될 수 있습니다. 오직 성령 안에 머물며 예수님의 마지막 지상 명령을 온전히 지킬 수 있습니다.

Part 1

성령을 찾아가다

Chapter 01

성령은 누구이신가?

"너희는 너희가 하나님의 성전인 것과
하나님의 성령이 너희 안에 계시는 것을 알지 못하느냐"
고린도전서 3:16

"주는 영이시니 주의 영이 계신 곳에는 자유가 있느니라"
고린도후서 3:17

성령은 누구이신가?

전능하신 하나님

성령님은 전능하신 하나님입니다. 창세기 1장 1절에 "태초에 하나님이 천지를 창조하시니라"고 말씀하셨습니다. 성령 하나님은 태초부터 성부 하나님과 함께 계셨고 삼위일체 하나님으로서 천지창조를 이루셨습니다. 그리고 성령의 역사로 모든 선교 사역이 이루어졌습니다.

"표적과 기사의 능력으로 성령의 능력으로 이루어졌으며 그리하여 내가 예루살렘으로부터 두루 행하여 일루리곤까지 그리스도

의 복음을 편만하게 전하였노라"_로마서 15:19

우리가 성령충만을 받으면 전능하신 하나님의 역사가 우리에게 나타나기 시작합니다. 성령충만의 역사로 귀신이 쫓겨나가고, 병 고침을 받고, 문제가 해결되고, 하나님의 축복과 기적이 임합니다. 성령충만의 역사로 우리가 전능하신 하나님의 놀라운 역사를 행할 수 있습니다. 우리 힘으로 행하는 것이 아니라 성령의 능력으로 행하는 것입니다. 성령님이 전능하신 하나님의 능력을 갖추고 계시기 때문에 우리가 예수님의 이름으로 선포할 때 귀신이 쫓겨나가는 것입니다. 요즘은 정신질환자가 참으로 많습니다. 그럴 때 우리가 예수님의 이름으로 그 질병이 떠나가도록 명령해야 합니다.

"예수 그리스도의 이름으로 내가 네게 명하노니 그에게서 나오라 하니 귀신이 즉시 나오니라"_사도행전 16:18

전능하신 하나님의 성령이 동정녀 마리아에게 임해서 예수님을 잉태하게 했습니다. 이것이 성령 하나님의 능력입니다.

"천사가 대답하여 이르되 성령이 네게 임하시고 지극히 높으신 이

의 능력이 너를 덮으시리니 이러므로 나실 바 거룩한 이는 하나님
의 아들이라 일컬어지리라" _누가복음 1:35

전지하신 성령님

전지하신 성령님은 전능하신 하나님의 능력이 있는 분으로 모든
것을 아십니다. 우리가 기억해야 할 것이 있습니다. 성령충만을 받
으면 예수님이 생각납니다. 예수님이 성령의 영이며 성령이 예수님
의 영이기 때문입니다. 성령님은 하나님의 영이심과 동시에 예수
님의 영이십니다. 그래서 우리가 성령충만하면 예수님을 사랑하게
되고, 예수님을 생각하게 되고, 예수님을 닮아 가게 되고, 예수님
처럼 행하게 됩니다.

교회를 아무리 오래 다녀도 성령충만하지 않으면 자기 뜻대로
예수님을 믿습니다. 성질부릴 거 다 부리고 소리칠 거 다 칩니다.
신앙생활을 10년, 20년 하면서도 자기 성질을 못 이기고 다른 사
람에게 상처를 입힙니다. 이러한 행동은 성령충만의 모습이 아닙
니다. 자기 충만의 모습입니다. 근본적인 문제가 다 여기에서 출발
합니다. 진짜 성령충만하면 그 사람의 모습 속에서 예수님만 나타
나야 합니다.

우리는 성령충만할 때 전지하신 성령님을 통해서 하나님의 뜻을 바로 알게 되고 예수님께서 가르치신 것을 깨닫게 됩니다.

"보혜사 곧 아버지께서 내 이름으로 보내실 성령 그가 너희에게 모든 것을 가르치고 내가 너희에게 말한 모든 것을 생각나게 하리라"_요한복음 14:26

하나님이신 성령님이 우리에게 오셔서 하나님을 깨닫게 하십니다. 우리가 성경을 아무리 읽어도 성령님이 깨닫게 해 주시지 않으면 깨달을 수가 없습니다.

"오직 하나님이 성령으로 이것을 우리에게 보이셨으니 성령은 모든 것 곧 하나님의 깊은 것까지도 통달하시느니라 사람의 일을 사람의 속에 있는 영 외에 누가 알리요 이와 같이 하나님의 일도 하나님의 영 외에는 아무도 알지 못하느니라"_고린도전서 2:10-11

성경 66권 중에 요한계시록은 어려운 내용이 많아서 더욱더 기도하고 읽어야 합니다. 성령님께 우리가 읽는 말씀을 올바로 깨닫게 해달라고 기도해야 합니다. 요한계시록을 통해서 온갖 이단이 다 나왔습니다. 신천지가 그중 하나입니다. 신천지는 일 년 내내

요한계시록만 가르칩니다. 그 이유는 사람들이 요한계시록을 잘 모르기 때문입니다. 그래서 요한계시록을 많이 가르치는 곳은 조심해야 합니다. 성경에 축복받을 말씀이 무수히 많은데 왜 요한계시록만 마르고 닳도록 붙들고 연구하면서 이단에 빠지는지 이해가 되지 않습니다. 신천지는 요한계시록을 다 달달 외웁니다. 우리나라 이단들은 대부분 요한계시록에서 나옵니다. 그러므로 우리는 성경을 전체적으로 잘 알아야 합니다. 전지하신 성령님의 감동으로 창세기부터 요한계시록까지 쓰였기 때문에 우리는 성경 전체를 읽으면서 우리를 향하신 하나님의 뜻을 깨달아 알아야 합니다.

"모든 성경은 하나님의 감동으로 된 것으로 교훈과 책망과 바르게 함과 의로 교육하기에 유익하니"_디모데후서 3:16

┌ 무소부재하신 성령님

성령님은 무소부재無所不在 하십니다. 성령님이 안 계신 곳은 없으며 어디든 다 계십니다.

"내가 주의 영을 떠나 어디로 가며 주의 앞에서 어디로 피하리이

까 내가 하늘에 올라갈지라도 거기 계시며 스올에 내 자리를 펼지라도 거기 계시니이다"_시편 139:7-8

우리가 영적으로 늘 깨어 있으면 하나님 앞에 바로 설 수 있습니다. 도둑이 왜 밤에 도둑질할까요? 사람들이 다 불을 끄고 잠을 자기에 도둑이 도둑질하는 것을 못 보기 때문입니다. 그러나 성령님은 불꽃 같은 눈으로 우리의 일거수일투족-擧手-投足을 다 보고 계십니다. 예수님을 믿는다고 하면서 실수하고 죄를 짓는 이유는 그 순간에는 성령님이 함께 계시는 것을 인식하지 못하기 때문입니다. 우리가 잘못된 행동을 하고 거짓말을 하고 사기 칠 때도 성령님이 그 자리에 계신다는 것을 안다면 그러한 행동과 말을 할 수 없습니다. 우리가 하나님 앞에 바로 서지 않고 죄를 지을 때 성령님이 슬퍼하신다는 것을 안다면 죄를 지을 수 없습니다. 그러므로 우리는 늘 영적으로 깨어 있어야 합니다. 우리가 성령님과 동행할 때 모든 일이 형통하게 됩니다.

제대로 기도할 줄 아는 사람은 늘 마음에 성령이 주시는 기쁨과 감동이 있습니다. 우리의 의지로만 기도하면 문제가 해결되지 않습니다. 우리 개인의 뜻을 위해서 기도하기 때문입니다.

이단들도 열심히 기도합니다. 누구는 지리산에 올라가서 40일

기도하다가 하나님의 음성을 들었다고 합니다. 그런데 40일 동안 지리산에 올라가서 기도할 때는 성경 말씀도 그만큼 많이 읽고 하나님의 뜻을 깨달아야 합니다. 그러나 말씀을 읽지 않고 자기주장만 가지고 지리산에 올라가서 기도하기 때문에 자기 뜻과 하나님의 뜻을 구분하지 못하고 이단이 되는 것입니다.

우리는 철저하게 성령님이 우리의 모든 것을 아시고 늘 우리와 함께하신다는 것을 잊지 말아야 합니다. 우리가 성령충만을 받기 전에는 자기 자신을 자랑하기에 여념이 없습니다. 자신의 주장만 내세우고, 자신의 뜻을 관철하기 위해서 다른 사람들과 부딪힙니다. 그러나 우리가 성령충만을 받으면 성령님께 사로잡혀서 예수님을 높이고, 예수님을 전하고, 예수님을 닮게 됩니다.

영원하신 성령님

A. W. 토저Aiden Wilson Tozer, 1897~1963는 이렇게 말했습니다. "초대교회는 단순한 조직체나 운동단체가 아니라 영적 능력 그 자체였다. 초대교회는 성령의 권능으로 움직였다. 교회는 성령의 권능이 있는 동안에는 늘 살아 움직였다. 교회의 역사를 돌이켜 보

면 성경으로 되돌아가 성령의 권능을 회복할 때마다 새로운 부흥이 일어났고, 성령의 권능이 사라지는 순간에는 기득권을 사수하려고 새로운 체제를 구축했다는 사실을 알 수 있다. 하나님이 인정하시는 유일한 권능은 바로 교회에 역사하는 성령의 권능이다. 오직 영원하신 성령에 의해 이루어진 일만이 영원히 지속된다. 교회에 임하는 성령의 권능을 회복하라!"

성령님은 영원토록 우리와 동행하십니다. 우리가 예수님을 믿는 그날부터 천국에 갈 때까지 영원하신 성령님이 함께하십니다.

"하물며 영원하신 성령으로 말미암아 흠 없는 자기를 하나님께 드린 그리스도의 피가 어찌 너희 양심을 죽은 행실에서 깨끗하게 하고 살아 계신 하나님을 섬기게 하지 못하겠느냐"_히브리서 9:14

성령충만하면 예수님께서 2000년 전에 이루신 그 역사가 오늘 우리에게도 나타납니다. 어제나 오늘이나 영원토록 변함이 없으신 예수님의 역사가 성령충만을 통해 나타납니다.

"예수 그리스도는 어제나 오늘이나 영원토록 동일하시니라"_히브리서 13:8

예수님이 어제나 오늘이나 동일하신 것처럼 성령님도 동일하십니다. 성령님은 어제도 계시고 오늘도 계시고 내일도 계십니다.

> "요한은 아시아에 있는 일곱 교회에 편지하노니 이제도 계시고 전에도 계셨고 장차 오실 이와 그의 보좌 앞에 있는 일곱 영과"_요한계시록 1:4

> "주 하나님이 이르시되 나는 알파와 오메가라 이제도 있고 전에도 있었고 장차 올 자요 전능한 자라 하시더라"_요한계시록 1:8

성령님은 영원하시고 변함이 없으신 분입니다. 창세기 1장 1절부터 요한계시록 22장 21절로 마무리될 때까지 성경의 모든 말씀은 성령의 감동으로 쓰였습니다. 성경의 모든 저자가 성령의 감동으로 말씀을 기록하도록 하신 것입니다. 성령님은 창조역사부터 지금까지 변함없이 동일하신 모습으로 우리 가운데 역사하시고 우리와 함께하십니다.

우리가 예수님을 믿을 때 성령님이 우리 마음 가운데 임하십니다. 예수님을 믿는 순간 이미 성령님이 우리의 마음에 들어오셔서 자리를 잡고 계십니다. 이것을 '성령이 내주하신다'라고 말합니다. 예수님을 믿고 구원받고 거듭날 때born-again 성령이 내주하시는 사건과 성령세례침례는 별개의 사건입니다. 우리가 성령님을 알든지 모르든지 성령님이 이미 우리 마음에 와 계시며, 영원하신 성령님이 우리와 동행하셔서 우리가 하늘나라에 갈 때까지 함께하십니다. 일평생 우리를 떠나지 아니하시며 함께하시고 은혜를 베풀어 주십니다.

1. 전능하신 하나님 ─────

성령님은 전능하신 하나님이며, 우리가 성령충만을 받으면 전능하신 하나님의 역사가 우리에게 나타나기 시작합니다. 성령충만의 역사로 우리가 전능하신 하나님의 놀라운 역사를 행할 수가 있습니다.

2. 전지하신 성령님 ─────

전지하신 성령님은 전능하신 하나님의 능력이 있으신 분으로 모든 것을 아십니다. 우리는 전지하신 성령님을 통해서 하나님의 뜻을 바로 알게 되고, 성령충만할 때 예수님께서 가르치신 것을 깨닫게 됩니다.

3. 무소부재하신 성령님 ─────

성령님이 안 계신 곳은 없으며 어디든 다 계십니다. 성령님은 불꽃 같은 눈으로 우리의 일거수일투족─擧手─投足을 다 보고 계십니다. 예수님을 믿는다고 하면서 실수하고 죄를 짓는 이유는 그 순간에는 성령님이 함께 계시는 것을 인식하지 못하기 때문입니다.

그러므로 우리는 늘 영적으로 깨어 있어야 합니다. 성령님과 동행할 때 모든 일이 형통하게 됩니다.

4. 영원하신 성령님 ───────

성령님은 영원토록 우리와 동행하십니다. 우리가 성령님을 알든지 모르든지 성령님이 이미 우리 마음에 와 계시며, 영원하신 성령님이 우리와 동행하셔서 우리가 하늘나라에 갈 때까지 함께하십니다. 일평생 우리를 떠나지 아니하시고 함께하시고 은혜를 베풀어 주십니다.

Chapter 02

|

성령에 대한 예수님의 가르침

"보혜사 곧 아버지께서 내 이름으로 보내실 성령
그가 너희에게 모든 것을 가르치고
내가 너희에게 말한 모든 것을 생각나게 하리라"
요한복음 14:26

"내가 아버지께로부터 너희에게 보낼 보혜사
곧 아버지께로부터 나오시는 진리의 성령이 오실 때에
그가 나를 증언하실 것이요"
요한복음 15:26

성령에 대한 예수님의 가르침

　예수님은 인간의 몸을 입고 이 땅에 오셔서 30년을 준비하신 후 서른 살에 공생애를 시작하셨습니다. 그리고 약 3년 반 동안의 사역을 마치시고 십자가에 달려 돌아가심으로 인류 구속사를 완성하셨습니다. 예수님은 십자가에 달리시기 전 겟세마네 동산에서 기도하셨고, 그곳에서 붙잡혀 밤새 심문받으시고 다음 날 아침 6시에 사형 선고를 받으셨습니다. 그 후 갈보리산에 끌려 올라가서 아침 9시에 십자가에 못 박히시고 오후 3시에 숨을 거두셨습니다.

　이러한 예수님께서 십자가에 달리시기 전 마지막 하루 동안 하신 일 중 하나가 다락방에서 제자들과 함께 나눈 성만찬이었습니다. 그때 그 자리에서 예수님은 성령에 대해 가르치셨습니다.

"내가 아버지께 구하겠으니 그가 또 다른 보혜사를 너희에게 주
사 영원토록 너희와 함께 있게 하리니"_요한복음 14:16

예수님은 '또 다른 보혜사'를 우리에게 주시도록 하나님께 구하
겠다고 하셨습니다. 예수님과 똑같은 보혜사 성령님을 보내주신다
고 약속하신 것입니다. 그리고 그 보혜사 성령님은 영원토록 우리
와 함께할 것이라고 하셨습니다.

이 놀라운 성령의 은혜가 성령 시대를 사는 우리 모두에게 임
하게 된 것입니다. 누구든지 예수님을 믿고 그 약속의 말씀을 붙
잡고 간절히 기도하기만 하면 성령이 임합니다. 구약시대처럼 몇
몇 특별한 사람들에게만 성령이 임하는 것이 아니라 모든 믿는 자
에게 성령을 부어 주셔서 주님이 맡기신 거룩한 사명을 감당할 수
있게 능력을 주십니다.

예수님의 가르침을 전하는 성령님

성령님은 예수님의 가르침을 전하시며 그 가르침을 깨닫게 하십
니다. 그리고 예수님은 이러한 성령님을 보혜사Comforter라고 하
셨습니다.

"보혜사 곧 아버지께서 내 이름으로 보내실 성령 그가 너희에게 모든 것을 가르치고 내가 너희에게 말한 모든 것을 생각나게 하리라" _요한복음 14:26

보혜사는 '파라클레토스παράκλητος, parakletos'로 옆에서 돕는 분이라는 뜻입니다. 여기에는 대언자, 변호사, 중재자, 협조자, 대변자, 상담자, 위로자 등의 뜻이 있습니다. 영어 성경에 보면 돕는 사람helper, 위로해 주는 사람comforter, 상담해 주는 사람counselor으로 나옵니다. 늘 옆에서 도와주시는 분이 바로 보혜사입니다.

성령님은 보혜사로 오셔서 늘 우리를 도와주십니다. 우리의 아픔을 이해하고 위로해 주십니다. 우리의 위로자가 되어 주시고 상담자가 되어 주시고 대변자가 되어 주십니다. 이것이 예수님의 영으로 오신 보혜사 성령님이 하시는 일입니다. 우리가 예수님을 모시고 살면 보혜사 성령님이 우리의 마음을 위로해 주시고 상담해 주시고 대변해 주시고 도와주셔서 우리가 처해 있는 모든 어려움을 감당케 하시고 승리하게 해 주십니다.

"내가 아버지께 구하겠으니 그가 또 다른 보혜사를 너희에게 주사 영원토록 너희와 함께 있게 하리니" _요한복음 14:16

예수님은 "내가 첫 번째 보혜사인데 내가 또 다른 보혜사를 너희에게 보내주겠다"라고 말씀하셨습니다. '또 다른'에서 '다르다'는 표현이 헬라어로 두 가지가 있습니다. '알로스 αλλος'와 '헤테로스ἕτε ρος'입니다. '알로스'는 똑같은데 다른 것입니다. 같은 재질의 종이가 두 장이 있을 때, 원래 종이와 똑같은 또 하나의 종이를 가리킬 때 알로스를 씁니다. '나와 똑같은 보혜사'가 바로 이와 같습니다. '헤테로스'는 원래의 종이와 완전히 다른 재질의 종이를 의미할 때 사용합니다. 예수님께서 말씀하신 보혜사는 예수님과 똑같은, 예수님과 모든 내용이 똑같은, 예수님과 하나도 다름이 없이 똑같은 '알로스 보혜사 성령님'이 오신다는 것입니다. 예수님과 똑같은 성령님이 오셔서 우리를 도와주신다는 말씀입니다.

예수님을 증언하는 성령님

보혜사 성령님은 예수님을 증언하시기 위해서 오십니다.

> "내가 아버지께로부터 너희에게 보낼 보혜사 곧 아버지께로부터 나오시는 진리의 성령이 오실 때에 그가 나를 증언하실 것이요"
> _요한복음 15:26

성령님이 우리에게 오셔서 예수님을 증언하시기 때문에 성령충만을 받으면 예수님을 잘 알게 됩니다. 그리고 성령충만을 받으면 예수님을 잘 전하게 됩니다. 성령충만을 받기 전에는 전도를 잘할 수 없습니다. 아무리 전도를 잘하려 해도 용기가 나지 않습니다. 평상시에는 말을 잘하는 사람도 전도만 하려고 하면 입이 딱 붙어서 아무 말도 못 하는 경우가 있습니다.

간혹 전화 통화는 30분이고 한 시간이고 쉬지도 않고 하는 사람이 예수님을 전할 때는 1분도 어려울 때가 있습니다. 왜 그럴까요? 성령님이 그 마음 가운데 충만히 임하지 않았기 때문입니다. 성령의 담대함이 임하지 않았기 때문입니다. 성령충만을 받으면 때를 얻든지 못 얻든지 예수님을 증언하게 됩니다. 이것이 성령님이 하시는 일입니다.

우리는 성령충만함으로 복음전도에 힘써야 합니다. 복음의 증인이 되어야 합니다. 하나님이 가장 기뻐하시는 것이 죄인들을 구원해서 하나님의 자녀로 만드는 것입니다. 죄로 인해 죽어가는 영혼을 살리는 것입니다. 전도처럼 귀한 것이 어디에 있습니까? 우리는 먼 곳에서 찾지 말고 먼저 가족과 이웃 가운데서 예수님을 믿지 않는 사람이 있다면 기필코 교회로 이끌고 나와야 합니다. 사생결단死生決斷하는 심정으로 구원해야 합니다. 그들과 같이 천국에 가야 합니다.

성령님은 진리의 영으로 우리 마음 가운데 오셔서 예수님을 전하게 하십니다. 예수님을 알게 하시고, 예수님을 닮게 하시고, 예수님의 사랑을 계속해서 이어 나가게 하십니다.

> "그는 진리의 영이라 세상은 능히 그를 받지 못하나니 이는 그를 보지도 못하고 알지도 못함이라 그러나 너희는 그를 아나니 그는 너희와 함께 거하심이요 또 너희 속에 계시겠음이라" _요한복음 14:17

성령을 받은 사람들은 전도하지 않고는 견딜 수가 없습니다. 매일같이 진리이신 예수님을 증거하며 하나님의 영광을 나타내게 됩니다.

미국 뉴욕에 대동면옥이라는 유명한 식당이 있었습니다. 지금은 그 식당을 운영하던 장로님이 천국에 가셔서 없어졌지만, 예전에 그 식당에 가면 젓가락을 포장한 종이에 "주 예수를 믿으라 그리하면 너와 네 집이 구원을 받으리라"행 16:31는 성경 구절이 인쇄되어 있었습니다. 워낙 냉면이 맛있기로 소문이 나서 사람들이 몰려오는 곳인데 그 많은 사람이 냉면을 먹기 위해 젓가락을 빼려면 성경 말씀을 읽게 됩니다. 예수님을 믿는 사람이든지, 믿지 않는 사람이든지 "주 예수를 믿으라"는 성경 말씀을 식사 전 가장 먼저 읽게 되는 것입니다.

이처럼 우리는 때를 얻든지 못 얻든지 복음을 전해야 합니다. 음식이 맛있으면 사람들이 몰려오게 되어있습니다. 그래서 어디에라도 예수 그리스도 복음의 메시지를 담아서 전할 때 하나님이 역사하십니다. 성령님이 그 성경 말씀을 통해서 역사하시는 것입니다. 우리의 삶 가운데 예수님이 증거되고, 예수님의 역사가 널리 나타나도록 힘써야 합니다.

죄를 심판하는 성령님

"그러나 내가 너희에게 실상을 말하노니 내가 떠나가는 것이 너희에게 유익이라 내가 떠나가지 아니하면 보혜사가 너희에게로 오시지 아니할 것이요 가면 내가 그를 너희에게로 보내리니 그가 와서 죄에 대하여, 의에 대하여, 심판에 대하여 세상을 책망하시리라"_요한복음 16:7-8

성령은 죄에 대해서 책망하신다

죄는 헬라어로 하마르티아ἁμαρτία이며 '목표에서 벗어났다'라는 뜻입니다. 양궁으로 비유하면 화살이 과녁 한가운데에 정확히 맞으면 10점입니다. 올림픽에 출전한 양궁선수는 10점 명중을 목표로 활을 당깁니다. 그런데 10점을 쏘려던 선수가 한순간 실수를 해서 화살이 10점에서 벗어나 6점, 7점 자리에 맞게 되면 메달권에서 멀어지게 됩니다. 세계적인 선수들이 출전해 진행되는 경기이기에 대부분 10점, 조금 벗어나면 9점, 그것보다 조금 더 벗어나면 8점은 맞춰야 하는데 7점, 6점, 5점이 나오게 되면 점수 합산에서 차이가 벌어져 메달권에서 멀어지게 되는 것입니다.

우리나라에 양궁선수가 3,000명이 넘는다고 합니다. 국가대표 선수로 선발되려면 4,500발을 쏴서 대부분 10점을 맞혀야 한다고 합니다. 그러다 보니 우리나라 양궁 국가대표 선발전은 세계 선수권 대회와 똑같다고 하며, 우리나라에서 1등에 뽑히면 세계 1등이나 마찬가지라고 합니다.

양궁은 온전히 실력으로만 국가대표가 될 수 있는 스포츠입니다. 간혹 다른 스포츠의 경우 인맥으로 선수를 선발해서 잡음이 생기는 경우가 있지만 양궁만은 그렇게 할 수 없습니다. 선수 자신의 실력으로 입증해야 하기 때문입니다.

양궁선수가 명중하지 못하고 화살이 과녁에서 멀리 벗어나면 메달을 못 따는 것같이 우리가 하나님의 뜻에서 벗어나는 것이 죄이며, 하늘의 상급을 받을 수 없게 되는 것입니다. 그러므로 양궁선수가 만점으로 우승하기 위해 가운데를 향해 활을 쏘는 것처럼 우리도 늘 주님만 바라보고, 주님만 의지하고, 주님께 초점을 맞추고 믿음으로 나아가야 합니다. 주님의 뜻대로 살아야 합니다.

성령님은 우리가 하나님의 뜻에서 벗어나는 것을 책망하십니다. "너는 지금 잘못하고 있다. 그러면 안 된다"라고 말씀하십니다. 우리가 죄에서 벗어나도록, 주님이 기뻐하지 않는 곳에서 벗어나도록 책망하시는 것입니다.

성령님은 "술 취하지 말라 이는 방탕한 것이니 오직 성령으로 충만함을 받으라"엡 5:18고 말씀하십니다. 술 취하는 것은 하나님의 뜻에서 벗어나는 것이기 때문입니다. 술에 취하고 판단력이 흐려져 음주운전을 하면 안 된다는 생각조차도 못 하고 운전하다가 사고를 내고 다른 사람들을 죽게 합니다. 음주운전이 아니더라도 술 취하면 함부로 말하고 행동해서 문제를 일으키기도 합니다. 그래서 성경에서 술 취하지 말라고 말씀하는 것입니다. 성경에서 하지 말라고 하는 것은 하지 말고 하라는 것만 해야 합니다. 그런데 그 말씀을 지키지 않아서 문제가 생깁니다.

성령님은 우리가 성경대로 살지 않는 죄에 대해서 책망하시며 죄인이라는 것을 깨닫게 하십니다. 성경에 "분을 내어도 죄를 짓지 말며 해가 지도록 분을 품지 말고"엡 4:26라는 말씀이 있습니다. 그런데 한번 화가 나면 3일씩 가는 사람들이 있습니다. 그것은 성경 말씀을 어기는 것입니다. 그런데 오히려 "나는 화나면 기본이 3일은 말도 안 합니다"라며 자랑하듯이 말하는 사람이 있습니다. 그런 자기 모습은 자랑할 것이 아니라 부끄러워해야 합니다.

자기를 의롭게 여기는 것을 책망하신다

성령님은 자기 의를 드러내는 행동에 대해서 책망하십니다. 자기 의를 자꾸만 드러내는 사람이 있습니다. 교회에서 가장 큰 문제가 되는 것이 바로 수시로 자기 의를 드러내는 것입니다.

> "사람에게 보이려고 그들 앞에서 너희 의를 행하지 않도록 주의하라 그리하지 아니하면 하늘에 계신 너희 아버지께 상을 받지 못하느니라"_마태복음 6:1

유대인들은 율법의 의를 내세웠습니다.

"내가 하나님의 은혜를 폐하지 아니하노니 만일 의롭게 되는 것이
율법으로 말미암으면 그리스도께서 헛되이 죽으셨느니라"_갈라
디아서 2:21

율법을 지킴으로 의를 행하려고 합니다. 자신의 기준으로 스스
로 옳다고 여기고 다른 사람을 판단하면서 "네가 잘못 했다"라고
말하기 때문에 분쟁이 일어나는 것입니다. 교회의 모든 다툼은 스
스로 의롭다고 여기는 사람들 때문에 생겨납니다. "나는 교회도
오래 다녔고 기도도 많이 한다. 나는……, 나는……" 이렇게 모든
면에서 자기가 의의 기준이 되기 때문에 문제가 생겨나는 것입니
다. 우리는 반드시 기억해야 합니다. 의의 기준은 예수님입니다. 그
런데 의의 기준이 되신 예수님이 떠나고 난 후에 사람들은 의의
기준을 잃어버렸습니다.

"나의 자녀들아 내가 이것을 너희에게 씀은 너희로 죄를 범하지
않게 하려 함이라 만일 누가 죄를 범하여도 아버지 앞에서 우리
에게 대언자가 있으니 곧 의로우신 예수 그리스도시라"_요한1서
2:1

우리가 의로운 것이 아니라 예수님이 의로운 것입니다. 그러므

로 자신의 의로움을 가지고 남을 판단하지 말고 예수님의 의로움으로 이웃을 사랑하고 그들을 바른길로 인도해야 합니다. 성령이 임하시면 절대로 자기 자랑을 하지 않습니다. 예수님을 증언합니다. 자기를 자랑하는 사람은 성령이 임한 것이 아닙니다. 교회에서 '내가, 내가, 내가' 하는 사람은 다 성령의 역사가 삶 가운데서 떠났기 때문에 그렇게 자기를 드러내는 것입니다. 성령충만한 사람은 진리를 이야기하고 예수님을 높이고 예수님을 증언합니다.

> "내가 아버지께로부터 너희에게 보낼 보혜사 곧 아버지께로부터 나오시는 진리의 성령이 오실 때에 그가 나를 증언하실 것이요"
> _요한복음 15:26

진리의 영이신 성령님

성령님이 오셔서 우리에게 진리이신 예수님을 보여 주십니다. 성령님은 우리가 성경을 읽을 때 그 속에서 예수님을 발견하게 하십니다. 우리가 성령의 임재와 지혜를 구한 후 성경을 읽을 때 성령의 감동으로 창세기부터 요한계시록까지 성경 속에 계시는 예수님을 만나게 됩니다.

"그러나 진리의 성령이 오시면 그가 너희를 모든 진리 가운데로 인도하시리니 그가 스스로 말하지 않고 오직 들은 것을 말하며 장래 일을 너희에게 알리시리라" _요한복음 16:13

성령님은 진리의 영입니다. 성령님은 우리를 모든 진리 가운데로 인도합니다. 세상에는 선과 악이 공존합니다. 악의 기원은 타락한 천사인 사탄으로부터 비롯되었습니다. 원래 루시퍼Lucifer는 하나님을 찬양하는 천사였습니다. 그런데 자신이 하나님처럼 높아지려는 교만함으로 인해 타락하게 되었고, 하늘에서 쫓겨날 때 천사들 3분의 1을 이끌고 나와서 공중 권세를 잡았습니다. 그런 그가 하나님께 지음 받은 인간을 미혹하고 말씀에 불순종하게 했습니다. 인간의 마음에 거짓을 집어넣었습니다. 의심을 집어넣었습니다. 교만을 집어넣었습니다.

하나님께서 아담에게 동산 중앙에 있는 선악과를 먹으면 정녕 죽으리라고 하셨습니다. 그런데 사탄이 뱀에게 들어가서 하와를 유혹합니다. 아담은 선악과를 먹지 말라는 하나님의 말씀을 하와에게 전할 때 제대로 전달하지 못한 것 같습니다. 하나님께서는 "선악을 알게 하는 나무의 열매는 먹지 말라 네가 먹는 날에는 반드시 죽으리라 하시니라"창 2:17고 말씀하셨는데 하와는 뱀에게 "하나님의 말씀에 너희는 먹지도 말고 만지지도 말라 너희가 죽을까 하노라 하셨느니라"창 3:3고 말합니다. '반드시 죽는다'라는 말과 '죽을까 한다'라는 말은 확연한 차이가 있습니다. 사탄은 이 틈을 타서 "너희가 결코 죽지 아니하리라 너희가 그것을 먹는 날에는 너희 눈이 밝아져 하나님과 같이 되어 선악을 알 줄 하나님이 아심이니라"창 3:4-5고 말하며 하와를 미혹했습니다. 진리를 제대로 알지 못했을 때 죄가 들어오게 되었습니다. 죄로 인해 인간이 타락하고 심판받고 하나님께 쫓겨났습니다. 가시와 엉겅퀴가 뒤덮인 이 세상에 살게 된 것입니다.

하나님은 진리眞理이시고 선善이시며 마귀는 거짓이고 악惡입니다. 선은 진리로부터 시작하고 악은 거짓으로부터 시작합니다. 그러므로 우리는 거짓을 따라가면 안 됩니다. 거짓은 마귀의 역사이기 때문입니다. 마귀의 역사가 우리 속에 들어오면 거짓말하고 속이고 도둑질하고 죽이고 멸망시킵니다. 마귀는 우리 인간이 잘사는 것을 절대로 기뻐하지 않습니다. 어떻게 해서든지 우리를 병들게 하고 미워하게 하고 다투게 합니다.

최근 러시아 대통령인 블라디미르 푸틴Vladimir Putin을 보십시오. 사탄은 그를 부추겨서 우크라이나에 전쟁을 일으켰습니다. 푸틴은 민간인에게는 폭력을 가하지 않겠다고 했지만, 그 약속을 지키지 않았습니다. 그 약속은 쓸모없는 한낱 쪽지가 되어 버리고 말았습니다. 수천 명의 희생자가 나왔는데 전쟁의 끝이 보이지 않습니다. 이번에는 원자력 발전소가 있는 곳을 공격한다고 합니다. 만약에 그곳을 공격해서 폭발하면 체르노빌 원자력 발전소 사고보다 열 배 이상의 재난을 가지고 올 수 있다고 합니다. 체르노빌에서 얼마나 많은 사람이 죽었는지 그 피해 현장을 살펴보러 들어갔던 사람들까지 다 죽었습니다. 방사능에 한 번 노출되면 살아남지 못하게 됩니다. 만약에 체르노빌과 같은 대형 사고가 일어나면 몇백만 명이 죽는 것은 시간문제입니다. 그래서 "핵무기를 없애자. 원자력을 안전하게 관리하자"라고 말하는 것입니다. 이것이 지금 전 세계의 공통 목표입니다. 하지만 악한 영이 푸틴에게 들어가서 전쟁을 일으키도록 충동합니다. 그렇기에 성령이 오셔야 합니다. 성령이 푸틴에게 역사하셔야 합니다. 오직 성령님만이 그를 진리 가운데로 인도하실 수 있습니다.

"그는 진리의 영이라 세상은 능히 그를 받지 못하나니 이는 그를 보지도 못하고 알지도 못함이라 그러나 너희는 그를 아나니 그는 너희와 함께 거하심이요 또 너희 속에 계시겠음이라" _요한복음 14:17

성령님은 우리를 모든 진리 가운데로 인도하십니다. 진리의 영이신 성령님이 우리 마음 가운데 들어오신 후에 우리는 진실만을 말하고 진리를 말해야 합니다. 남을 속이거나 거짓말로 피해를 입히고 상처 주면 안 됩니다. 악한 말을 하면 안 됩니다. 그런 모습은 다 마귀의 역사입니다.

> "그러나 진리의 성령이 오시면 그가 너희를 모든 진리 가운데로 인도하시리니 그가 스스로 말하지 않고 오직 들은 것을 말하며 장래 일을 너희에게 알리시리라" _요한복음 16:13

진리가 무엇입니까? 하나님의 말씀입니다. 한국의 지성, 세계적인 석학으로 알려진 이어령 박사님이 예수님을 믿고 하나님의 말씀을 깨닫고 천국에 가셨는데 다른 것이 진리가 아니라 하나님이 진리이고, 하나님의 말씀이 진리이고, 말씀의 주인이 되신 예수 그리스도가 진리라고 고백했습니다.

하나님의 말씀인 성경은 성령의 감동으로 쓰였으며, 하나님의 진리로 가득 담겨 있습니다. 성령님이 여러 성경 저자에게 하나님의 말씀을 기록하게 하시고 그 말씀을 통해서 우리에게 주님의 뜻을 전하셨습니다.

"예언은 언제든지 사람의 뜻으로 낸 것이 아니요 오직 성령의 감동하심을 받은 사람들이 하나님께 받아 말한 것임이라"_베드로후서 1:21

그러나 미혹하는 영, 거짓의 영, 진리를 부인하게 하는 영인 마귀는 자꾸 우리를 탐욕으로, 잘못된 길로 이끌어 갑니다. 기도를 많이 하면서 성경을 보지 않는 사람들은 미혹의 영에 이끌려서 잘못된 길로 갈 수 있습니다. 우리는 기본적으로 말씀으로 충만하고 성령으로 충만해야 진리 가운데 바로 서게 되는 것입니다. 평생 성경을 한 번도 읽지 않고 기도만 하면서 자신이 하나님의 음성을 듣는다고 말하는 사람 중에 하나님의 음성과 자기의 생각, 마귀의 음성을 혼동해서 잘못되는 사람을 많이 봤습니다.

제가 부목사로 교회를 섬길 때 일입니다. 한 사람이 저를 찾아왔습니다. 처음 보는 사람이었습니다. 그래서 어떻게 저를 알고 찾아왔냐고 물었더니 "제가 기도하는데 성령님이 이영훈 목사님한테 가라고 해서 왔습니다"라고 하는 것입니다. 그러면서 본인 이야기를 합니다.

"저는 눈만 뜨면 기도합니다. 온종일 기도만 합니다. 보통 하루에 열 시간에서 열두 시간은 기본으로 기도합니다. 아무리 적게 해도 여덟 시간 이상은 기도합니다."

그래서 제가 물었습니다.

"일은 안 하십니까?"

"일은 제 부인이 나가서 하고 저는 기도만 합니다."

기도를 많이 하는 것은 대단하지만, 일은 하나도 안 하고 기도만 하는 것은 잘못된 것입니다. 부인은 나가서 힘들게 고생하는데 본인은 기도만 하고 하나님의 음성을 듣는다면서 저를 찾아와서는 계속 이야기합니다.

"성령님이 제게 이영훈 목사님에게 가서 말을 전하라고 하셨습니다. 앞으로 제가 주의 종이 될 텐데 저의 모든 학비를 목사님이 다 대라고 말씀하셨습니다."

그 사람은 돈 달라고 저를 찾아왔던 것입니다. 그래서 제가 물었습니다.

"혹시 성경은 하루에 몇 장 읽습니까?"

"아니, 기도하기도 바쁜데 성경을 볼 시간이 어디에 있습니까? 저는 온종일 기도만 합니다."

"기도를 많이 하는 것은 좋은데 한 시간 기도하면 한 시간 성경을 읽고, 두 시간 기도하면 두 시간 성경을 읽고, 세 시간 기도하면 세 시간 성경을 읽고, 하루에 열 시간은 기도한다고 했으니 다섯 시간 성경 읽고 다섯 시간 기도하십시오. 기도하는 시간의 절반은 성경을 읽으십시오. 그리고 그렇게 일주일간 성경을 읽고 기도한 후에 그때도 성령님이 나에게 가라고 하시면 다시 오십시오."

지금으로부터 20년 전에 있었던 일입니다. 이렇게 긴 시간이 흘렀는데 그 사람은 아직 저를 찾아오지 않았습니다.

성경은 읽지 않고 기도만 하니까 잘못된 음성을 듣는 것입니다. 간혹 영적으로 예민해서 기도할 때 주님의 음성을 듣는 사람들이 있습니다. 하나님께서 특별히 영적인 예민함을 주신 것입니다. 그런데 그런 사람들이 조심해야 할 것이 있습니다. 말씀 위에 굳건히 서지 않으면 안 됩니다.

많은 사람이 영적으로는 예민한데 말씀 위에 바로 서지 않아서 이단에 빠졌습니다. 미혹의 영에 빠졌습니다. 처음 시작은 성령의 역사로 했으나 나중에는 악한 영이 들어와서 귀신의 역사로 바뀌는 것입니다. 성령의 역사로 시작했지만 진리의 영이신 성령님과 함께 말씀에 바로 서 있지 않으니까 시간이 지나가면서 악한 영이 들어와서 그 영을 혼미케 하는 것입니다. 그런데 정작 본인은 그것을 구별하지 못합니다. 말씀을 바로 알지 못하고 기도만 하다 보니까 하나님이 주시는 음성인지 마귀가 주는 음성인지 구별 못 하는 것입니다. 한순간 악한 영에 빠지게 되는 것입니다. 저는 출발은 성령으로 했다가 악한 영으로 마치는 사람을 많이 봤습니다. 왜 그럴까요? 말씀에 제대로 서 있지 않기 때문입니다.

또한 옆에 있는 사람들과 신앙의 교제를 하지 않고 혼자 하나님께 직통 계시를 받는 사람들도 문제가 생깁니다. 산에 올라가서 기도하면서 무엇인가를 받았다고 하는 사람들을 조심해야 합니다. 저도 산 기도를 많이 했지만 직통 계시로 '이렇게 해라. 저렇게 해라'는 계시를 들은 적이 거의 없습니다. 물론 하나님의 뜻과 말씀대로 살라는 음성은 들려주셨지만, '동쪽으로 가면 귀인을 만날 것이다'라는 것과 같은 음성은 못 들어 봤습니다.

성령은 진리의 영입니다. 진리는 말씀입니다. 또한 말씀의 주체는 예수 그리스도입니다. 예수님의 십자가입니다. 하나님의 말씀은 아무리 강조해도 지나침이 없습니다. 매일 말씀으로 무장해서 악한 영을 물리치고 성령으로 승리해야 합니다.

하나님의 영광을 나타내는 성령님

성령님은 영광의 영으로 성령님이 계신 곳에 하나님의 영광이 나타납니다. 그러므로 우리가 성령으로 충만하면 모든 영광을 하나님께 올려드리게 됩니다.

> "너희가 그리스도의 이름으로 치욕을 당하면 복 있는 자로다 영
> 광의 영 곧 하나님의 영이 너희 위에 계심이라" _베드로전서 4:14

신앙생활을 하다 보면 예수님을 믿는다는 이유로, 예수님 때문
에 핍박받을 때가 있습니다. 그럴 때는 오히려 감사해야 합니다.
하나님께 영광 돌려야 합니다.

초대교회에 수많은 기독교인이 로마 원형 경기장에서 죽임을 당
했습니다. 영화 「쿼바디스Quo Vadis」를 보면 기독교인들이 원형 경
기장에서 불에 타 죽으면서도 찬송가를 부릅니다. 사자의 밥이 되
어 죽으면서도 찬송가를 부릅니다. 네로 황제Nero, 로마 제국의 제5대
황제가 그 찬송 소리가 안 들리게 할 수 없느냐고 하면서 귀를 막
던 장면이 기억납니다. 순교를 당하는 기독교인들의 모습을 통해
하나님의 영광이 나타난 것입니다. 그 거룩한 영광이 나타난 것입
니다.

예수님이 십자가에 달려 돌아가신 이후로부터 약 250년 가까
이 열 명의 황제가 대를 이어가면서 기독교를 박멸하는 데 앞장섰
고, 기독교인들은 엄청난 박해를 견뎌야 했습니다. 기독교 박멸 기

넴비까지 세워질 정도로 말할 수 없는 환난과 핍박을 받았습니다. 그러나 그 가운데서도 기독교는 부흥했습니다. 기독교인이 눈에 보이지 않는다고 생각된 313년 콘스탄티누스 1세 황제가 기독교를 공인할 당시 기독교 인구가 8%였습니다. 이 8%가 세상을 바꾼 것입니다.

지금은 20%가 기독교인이라고 합니다. 예전에는 25%였는데 5%가 줄었다고 합니다. 20%면 대한민국을 몇 번 바꿔 놓고도 남았어야 합니다. 왜냐하면 3·1 운동할 때 2%의 기독교인이 한국 전체를 뒤흔들어 놓았기 때문입니다. 그때보다 기독교가 10배 성장했는데 지금 이 사회가 혼란스럽고 문제가 많은 것은 우리가 성령 충만하지 않기 때문입니다. 성령으로 충만하면 하나님의 영광이 나타날 텐데 인간의 감정으로 충만하니까 교회가 서로 물고 뜯고 싸우고 사회로부터 존경심과 영적 지도력을 잃게 된 것입니다. 비판의 대상이 된 것입니다.

단적인 예로 2020년 본격적으로 우리나라에서 코로나19 방역을 하면서 교회가 집중 관리와 비난의 대상이 된 것은 교회가 신뢰를 잃었기 때문입니다. 사실 코로나19와 같은 문제가 생겼을 때 교회는 알아서 잘하니까 마음 놓고 예배를 드릴 수 있도록 하자는 의견이 나왔으면 얼마나 좋았겠습니까? 그런데 오히려 교회 예배 참석 인원수를 제한했습니다. 성도들이 최대한 적게 모이도록 하는 방역 지침이 내려진 것입니다. 한때는 아예 대면 예배를 드리지 못하도록 하기도 했었습니다. 물론 이제는 그런 시대는 지나갔습니다. 이제 각자가 조심하고 스스로 몸이 불편하고 이상 증상이 있으면 집에서 예배드리고 건강에 이상이 없을 때 교회에 나와 예배드려야 합니다. 그런데 자신은 믿음이 좋다면서, 기도로 코로나19를 이겨낼 수 있다면서 몸이 안 좋은 데도 교회에 나와서 예배를 드리는 사람들이 있었습니다. 요즘은 옆에서 누가 기침이라도 하면 신경이 쓰입니다. 그러다 보니 예배를 드릴 때 주위에 기침하는 사람이 있으면 예배에 집중이 안 된다고 합니다. 우리 주님은 우리의 상황과 건강과 믿음을 다 아십니다. 몸이 안 좋을 때는 집에서 예배드려도 하나님께서 인정해 주십니다. 열이 38도 39도인데도 해열제를 먹고 억지로 교회에 나와서 예배드리고 갔는데 코로나19 양성이 나오면 문제가 생겨나는 것입니다.

보혜사 성령님은 우리 함께하시고 우리에게 은혜를 주시고 온 세상에 하나님의 영광을 끼치도록 인도해 주십니다. 언제 어디서든 하나님께 영광을 돌리기 위해서 온 힘을 다해야 합니다. 성령님을 통해서 예수님의 영광을 나타내야 합니다.

"그가 내 영광을 나타내리니 내 것을 가지고 너희에게 알리시겠음이라"_요한복음 16:14

성경 어디에도 성령님이 스스로를 자랑하고 나타낸 적이 없습니다. 성령님은 철저하게 예수님만 나타내셨습니다. 다시 말해서 우리가 성령충만을 받았다면 우리 자신을 자랑하면 안 됩니다. 성령충만을 받고 나면 첫째도 예수님, 둘째도 예수님, 마지막도 예수님, 예수님만 자랑하고 예수님만 닮아 가고 예수님만 전해야 합니다.

우리에게 문제가 생기는 것은 성령충만하지 않기 때문입니다. 성령충만하지 않기에 예수님을 닮지 못했고, 예수님을 닮지 못한 성격으로 남과 부딪치고 다투고 싸우고 상처를 주고 상처를 받는 것입니다. 예수님의 온유와 겸손을 배우고마 11:29, 예수님의 사랑을 배우고, 예수님의 성품을 배우면 하나님의 풍성한 은혜가 우리에게 임하게 됩니다.

남대문교회에 박태선이라는 장로가 있었습니다. 그가 성령을 받고 성령충만했을 때 하나님께서 그에게 병 고치는 은사를 주셨습니다. 그에게 오는 사람들은 질병이 치유되는 역사가 일어났습니다. 남산 야외 음악당에서 성회를 열었을 때 수많은 병자가 그에게 고침받기 위해서 몰려왔습니다. 그중에는 다리가 불편해서 목발 짚고 왔던 사람들이 있었는데 그들이 치유를 받고 목발을 내던지고 걸어가기도 했습니다. 그런데 어느 순간 박태선 장로는 성령이 주신 은사로 병을 고친다고 생각하는 것이 아니라 자신의 능력으로 병을 고친다고 생각했습니다. 그는 스스로 '내가 사람들의 병을 고친다'라는 교만에 빠졌습니다. 사탄이 그에게 교만을 집어넣어 주고 그를 이단의 괴수로 만들었습니다. 그가 바로 천부교_구전도관 창시자이며 교주입니다.

성령은 절대 '내가'를 내세우지 않습니다. 어디서든지 '예수'가 보이지 않고 '내가' 보이면 주의해야 합니다. 그런 사람들은 다 이단이 되었습니다. 사회적으로 물의를 빚고 있는 종교를 보면 다 그 교주가 예수님 행세를 했기 때문에 이단이 된 것입니다.

신천지도 마찬가지이고 모든 이단의 계열을 보면 예수님이 안 보이고 사람이 보입니다. 그 종교의 교주가 보입니다. 그 교주들은 스스로 "내가 병을 고친다"라고 말하지만 천만의 말씀입니다. 예수님이 병을 고치는 것입니다. 그들은 "내가 기적을 행한다"라고 말하지만 예수님이 기적을 행하시는 것입니다. 성령이 충만하면 예수님만 증거하고, 예수님만 나타나고, 예수님만 닮아 가는 역사가 일어납니다. 진짜로 성령이 충만하면 우리의 모습 속에서 예수님만 나타나게 됩니다.

강원도 태백에 있는 예수원에 들어가서 대천덕루번 아처 토레이 3세, Reuben Archer Torrey Ⅲ 신부님과 한 주간을 같이 지낸 적이 있었습니다. 제가 본 대천덕 신부님은 예수님 같았습니다. 말씀하는 것이나 행동하는 모든 삶이 예수님 같았습니다. 그 모습을 보면서 '아! 성령충만이 이것이구나. 저렇게 살아야겠구나. 평생 화를 내지 말고 살아야겠구나'라는 도전을 받았습니다.

우리가 정말 성령으로 충만하다면 우리 삶이 달라져야 합니다. 우리의 모습이 예수님의 모습으로 바뀌어야 합니다. 우리가 머물렀던 곳에서 우리를 본 사람들이 "야! 예수님을 본 거 같다"라는 이야기가 나올 수 있어야 합니다. 작은 예수의 삶을 살아야 합니다.

1. 예수님의 가르침을 전하는 성령님 _____

성령님은 예수님의 가르침을 전하며 그 가르치심을 깨닫게 하십니다. 그리고 예수님은 이러한 성령님을 보혜사Comforter라고 하셨습니다. 보혜사 성령님은 우리를 도와주십니다. 우리의 아픔을 이해하고 위로해 주십니다. 우리의 위로자가 되어 주십니다. 우리의 상담자가 되어 주십니다. 우리의 대변자가 되어 주십니다.

2. 예수님을 증언하는 성령님 _____

성령님이 우리에게 오셔서 예수님을 증언하시기 때문에 성령충만을 받으면 예수님을 잘 알게 됩니다. 그리고 성령충만을 받으면 예수님을 잘 전하게 됩니다. 성령을 받은 사람들은 전도하지 않고는 견딜 수가 없습니다. 매일같이 열심히 복음을 전해서 하나님의 영광을 나타내게 됩니다.

3. 죄를 심판하는 성령님 _____

성령님은 우리가 하나님의 뜻에서 벗어나는 것과 성경대로 살지 않는 죄에 대해서 책망하십니다. 그리고 자기 의를 드러내는 행동에 대해서도 책망하십니다. 성령이 임하시면 절대로 자기를 자랑하지 않습니다. 예수님을 증언합니다. 자기 자랑을 하는 사람은 성령이 임한 것이 아닙니다.

4. 진리의 영이신 성령님 ———

성령님은 우리에게 진리이신 예수님을 보여 주십니다. 우리가 성경을 읽을 때 그 속에서 예수님을 발견하게 하시며 우리를 모든 진리 가운데로 인도하십니다. 진리는 하나님의 말씀이며 말씀의 주제는 예수 그리스도입니다. 예수님의 십자가입니다.

5. 하나님의 영광을 나타내는 성령님 ———

성령은 영광의 영으로 성령님이 계신 곳에 하나님의 영광이 나타납니다. 그러므로 우리가 성령으로 충만하면 모든 영광을 하나님께 올려드리게 됩니다. 예수님의 온유와 겸손을 배우고 마 11:29, 예수님의 사랑을 배우고, 예수님의 성품을 배우면 하나님의 풍성한 은혜가 우리에게 임하는 것입니다.

Chapter 03

성도에게 나타난 성령의 역사

"예수께서 대답하여 이르시되 진실로 진실로
네게 이르노니 사람이 거듭나지 아니하면
하나님의 나라를 볼 수 없느니라 니고데모가 이르되
사람이 늙으면 어떻게 날 수 있사옵나이까
두 번째 모태에 들어갔다가 날 수 있사옵나이까
예수께서 대답하시되 진실로 진실로 네게 이르노니
사람이 물과 성령으로 나지 아니하면
하나님의 나라에 들어갈 수 없느니라"

요한복음 3:3-5

"그의 영광의 풍성함을 따라 그의 성령으로 말미암아
너희 속사람을 능력으로 강건하게 하시오며"

에베소서 3:16

성도에게 나타난 성령의 역사

예수님을 믿고 구원받는 것은 저절로 되는 것이 아닙니다. 성령님이 우리 마음 가운데 역사하실 때 가능합니다. 물론 우리가 사람들을 교회로 전도하고 예배에 참석하게 하고 함께 기독교 방송을 시청하며 은혜를 나누는 노력이 필요합니다. 하지만 근본적으로는 성령님이 역사하셔야 가능합니다.

거듭나게 하시는 성령님

자신의 힘으로 거듭날 수 있는 사람은 아무도 없습니다. 성령님이 우리 마음 가운데 오셔서 예수님을 영접하게 하는 은혜를 주실 때 우리는 구원의 은혜 속으로 들어갈 수 있습니다.

성경은 물과 성령으로 거듭나지 않으면 하나님 나라에 들어갈 수 없다고 말씀하십니다. 예수님을 믿을 때 하나님 앞에서 자신의 모든 죄가 다 사함받고 하나님의 자녀가 되었다는 외적인 상태가 세례침례입니다. 흐르는 물속에 들어갔을 때 옛사람의 모습이 죽고 죄는 다 씻겨 떠내려갔고, 다시 물 위로 올라올 때 주님과 함께 부활한 모습으로 변화되어 '내가 새사람이 되었다'는 상징으로 세례침례를 받았습니다. 그래서 세례침례를 받는 것은 굉장히 중요했습니다.

> "예수께서 대답하시되 진실로 진실로 네게 이르노니 사람이 물과 성령으로 나지 아니하면 하나님의 나라에 들어갈 수 없느니라" _요한복음 3:5

로마 박해 시대에 예수님을 믿는 사람을 다 붙잡아서 죽이거나 추방했습니다. 로마 제국 안에서 예수님을 믿는 사람들은 발을 붙이고 살 수 없을 정도로 박해가 심했습니다. 그래서 '예수님이 나의 모든 것이 되시고 내 생명보다 귀합니다'라는 결단의 모습으로 세례침례를 받았습니다. 세례침례를 받는 것이 곧 구원받는 것과 같은 사건으로 여겼습니다.

우리 마음속에서 성령이 감동해서 예수님을 믿게 하는 것이 성령의 내적 역사이고, 외적인 결단을 보여 주는 것이 세례침례였습니다. 그러므로 예수님을 믿고 구원받는 사람은 가급적 빨리 세례침례를 받는 것이 좋습니다. 교단마다 차이가 있어서 세례침례 문답을 하고 6개월이 지난 후에 세례침례를 주는 곳도 있지만, 우리 순복음 교단의 경우 예수님을 믿고 구원의 확신이 있으면 바로 그날 또는 그다음 날이라도 세례침례를 베풀고 있습니다. 여의도순복음교회의 경우 세례침례를 받는 날 온 가족과 교구 식구가 와서 축하하고 기도해 줍니다. 초대교회를 보면 세례침례를 받을 때 온 성도가 다 나와서 축복하고 찬송을 부르고 하나님의 자녀로 변화된 것으로 인해 교회가 잔치를 베풀었습니다. 그만큼 예수님을 믿고 구원받는 것이 중요합니다.

구원받는 역사에 있어서 가장 중요한 것이 성령의 역사입니다. 물론 구원의 역사는 하나님의 절대주권입니다. 그것을 가리켜 '예정'이라고 합니다. 하나님의 예정 속에서 구원을 받는 것입니다.
장로교에서는 하나님의 예정 속에서 모든 것이 다 이루어진다고 주장하고, 감리교에서는 하나님의 절대주권과 우리 인간의 100% 하나님을 향한 믿음이 합쳐져서 구원의 역사를 이룬다고 합니다. 순복음 교리는 감리교 쪽에 조금 더 가깝습니다. '절대주권 즉, 예정 속에서 구원받지만 성령의 역사로 믿음으로 말미암아 우리에게 구원의 은혜가 임한다'라고 주장합니다.

성령의 역사를 통해 우리가 하나님 앞에 나갈 수 있는 길이 주어지는데 그것이 바로 믿음입니다. 믿음으로 하나님이 주시는 구원을 선물로 받는 것입니다. "사람이 마음으로 믿어 의에 이르고 입으로 시인하여 구원에 이르느니라"롬 10:10는 말씀처럼 마음으로 믿어 구원에 이르게 되는 것입니다. 마음으로 믿어지도록 하는 것이 바로 성령의 역사입니다. 그래서 구원받은 사람이 간절히 기도하는 이유는 성령의 역사로 인해 굳어진 마음이 녹아지고 열리도록 하기 위해서 입니다.

우리가 전도 대상자를 위해서 기도를 많이 하고 전도하면 그 사람이 교회에 온 첫날 눈물 흘리며 예수님을 믿고 구원받고 변화되는 사례를 많이 보게 됩니다. 그런데 우리의 기도 없이 그냥 쉽게 따라온 사람들은 마치 예배를 구경하듯이 맹숭맹숭 앉아 있다가 가는 경우가 많이 있습니다. 그래서 우리는 전도 대상자를 위해서 기도를 많이 해야 합니다.

완강하게 예수님을 거부하는 사람은 빨리 믿을 사람입니다. 왜 그럴까요? 거부한다는 것은 벌써 본인이 '내가 예수를 믿으면 예수 에게 붙잡히겠구나'라는 것을 알고 거부하는 것이기 때문입니다. 우리가 전도할 때 어떤 사람들은 이야기합니다.

"당신이 아무리 나를 전도해 봤자 나는 예수 안 믿어요."

"왜요?"

"내가 예수를 믿으면 그 좋아하는 술과 담배를 못 하니까요. 내 삶에 제약이 너무 많으니까요. 그래서 나는 예수 안 믿어요."

그럴 때는 "아니에요. 괜찮아요. 그런 걱정은 하지 말고 일단 예 수님을 믿으세요"라고 말해야 합니다. 은혜받으면 저절로 술과 담 배는 끊어지기 때문입니다. 삶이 변화되기 때문입니다. 그러므로 먼저 교회에 나와서 예수님을 믿고 하나님의 자녀가 되는 것이 중 요합니다. 성령이 임하고 하나님의 자녀가 되면 이후에 행동은 바 뀌게 됩니다.

"만일 너희 속에 하나님의 영이 거하시면 너희가 육신에 있지 아 니하고 영에 있나니 누구든지 그리스도의 영이 없으면 그리스도 의 사람이 아니라"_로마서 8:9

하나님의 영이 우리에게 거하시면 그리스도의 영이 우리에게 거한다고 말씀하십니다. 기독교의 신비 가운데 하나가 삼위일체 하나님입니다. 한 분 하나님이 성부 하나님, 성자 예수님, 성령 하나님으로 계시는데, 성경에 보면 이 하나님에 대한 단어가 성령님에 대한 단어와 다 혼용되었습니다. 성령님이 하나님의 영으로 표현되기도 하고, 그리스도의 영으로 표현되기도 하고, 거룩한 영으로 표현되기도 합니다. 그래서 성령 하나님이 우리 마음 가운데 오시면 우리가 하나님의 자녀로 사는 것입니다. 똑같은 육신의 몸을 입고 있지만, 예수님을 믿기 전에는 우리 마음 안에 성령 하나님이 안 계셨기 때문에 우리가 우리 삶의 주인이 되어 좌지우지하고 이리 부딪치고 저리 부딪치고 죄짓고 불의하고 방탕한 삶을 살았으나, 성령님이 우리 마음에 들어오시고 난 다음부터는 성령님이 우리 마음속에 하나님의 뜻이 무엇인지 깨닫게 하시고 그 길을 가도록 인도해 주시는 것입니다.

성령충만을 받으면 즉, 성령님이 우리 마음에 들어와 계시는 상태, 우리 안에 성령님이 내주하시는 상태가 되면 우리는 성령에 사로잡혀서 주님의 길을 갈 수 있습니다. 그러나 성령에 사로잡혀 있지 않으면 우리 감정이 엎치락뒤치락합니다. 기쁘고 좋을 때는 한없이 천국에 올라갈 거 같은 마음으로 주님을 섬기다가 안 좋은 말을 듣거나 원하는 대로 일이 풀리지 않아 마음이 낙심되면 하루 아침에 기분이 뚝 떨어져서 힘들어 합니다.

자크 오펜바흐Jacques Offenbach의 「천국과 지옥Orpheus in the Underworld」 서곡이 있는데, 하루에 천국과 지옥을 왔다 갔다 하는 사람들이 있습니다. 성령충만하지 못한 사람들은 기분이 좋을 때는 천국을 갔다가 기분이 나쁠 때는 지옥을 갔다 왔다 합니다. 마음이 그렇다는 것입니다. 그러므로 우리는 늘 성령충만해야 합니다.

예수님을 믿고 구원받는 역사에 대해서 사도 바울은 다음과 같이 설명합니다.

"우리를 구원하시되 우리가 행한 바 의로운 행위로 말미암지 아니하고 오직 그의 긍휼하심을 따라 중생의 씻음과 성령의 새롭게 하심으로 하셨나니" _디도서 3:5

구원은 의로운 행위로 받는 것이 아닙니다. 의로운 행위는 구원의 조건이 될 수 없고, 구원받은 사람이 행해야 할 의무에 해당합니다. 우리가 한국 사람인 것은 한국에서 태어났기 때문입니다.

한국에서 태어났기에 자동으로 한국 사람이 된 것입니다. 좋은 일을 많이 해야 한국 사람이 될 수 있는 것이 아닙니다. 이와 마찬가지로 예수님을 믿고 구원받으면 그냥 하나님의 자녀가 됩니다. 구원받으려면 좋은 일을 많이 해야 한다거나, 특별한 업적을 쌓아야 한다고 주장한다면 그것은 행위 구원이라는 문제가 생깁니다. 율법을 잘 지켜야 구원받는다고 한다면 그것은 율법주의가 됩니다. 이 두 가지 모두 구원에 근본을 흔드는 것입니다.

행위 구원을 강조하는 잘못된 교리를 가르치는 교회들도 있습니다. 그들은 말씀을 아주 교묘하게 엮습니다. 야고보서 2장 17절 "행함이 없는 믿음은 그 자체가 죽은 것이라"는 말씀을 이야기하면서 행함을 강조합니다. 그러나 행함은 구원을 받은 후에 우리의 삶 가운데 열매를 맺는 성령의 역사를 말하는 것입니다. 행함이 구원의 조건이라고 말하는 것이 아닙니다. 우리는 예수님을 믿고 나서 선한 일을 하는 행함의 열매를 많이 맺어야 합니다. 그런데 구원받는 것에 있어서 행함이 같이 가야 한다고 주장한다면 이는 '오직 믿음으로'라는 구원의 근본을 뒤흔들어 놓는 것입니다.

마르틴 루터Martin Luther가 1517년 10월 31일에 종교개혁을 할 때 "오직 의인은 믿음으로 말미암아 살리라"고 말했습니다. 다른 어떤 것도 구원받는 조건으로 붙이면 안 된다고 한 것입니다.

> "복음에는 하나님의 의가 나타나서 믿음으로 믿음에 이르게 하나니 기록된 바 오직 의인은 믿음으로 말미암아 살리라 함과 같으니라"_로마서 1:17

당시 수도승 요한 테첼Johann Tetzel이 성 베드로 성전을 짓기 위해서 헌금을 많이 하면 연옥에 있는 부모나 가족이 천국에 갈 수 있다고 말하며 모금 활동을 했습니다. 가톨릭은 굉장히 지성적입니다. 이성적으로 그럴싸한 교리가 많습니다. 연옥 교리만 해도 그렇습니다. 천국에 갈 자격은 안 되고 지옥에 가기는 안타까운 사람은 연옥에 있다고 말합니다. 그리고 후손들이 좋은 일을 많이 해서 부모나 가족을 계속 밀어 올리면 그들이 결국 천국에 간다고 합니다. 그래서 가톨릭은 가는 곳마다 병원을 짓고 학교를 짓고 선한 일을 많이 하는 것입니다. 행함이 구원과 같이 간다고 믿기 때문입니다. 그러나 행함은 구원 후에 따라 와야 합니다.

그런데 기독교인들에게도 문제가 있습니다. 믿기만 하면 구원받으니까 구원받은 후 행함이 잘 나타나지 않습니다. 우리가 행함으로 삶의 본을 보여야 하는데 그렇지 못한 경우가 많습니다. 예수님을 믿기만 하면 구원은 그냥 받는 것이지만, 믿고 난 뒤에 행함은 반드시 나타나야 합니다. 날마다 더 좋은 모습으로 변해야 합니다.

성격도 다듬어져야 하고 행위도 하나님이 기뻐하시는 모습으로 바뀌어야 하고 축복을 많이 받았으면 받은 축복을 나눠야 합니다. 그러면 그 삶이 더 많은 축복을 받게 됩니다. 받은 축복을 움켜쥐고 안 내놓으면 나중에 하나님께서 '훅~' 불어 버리실 수가 있습니다.

하나님은 우리에게 축복을 주실 때 쌓아 놓으라고 주신 것이 아닙니다. 축복을 나누면 더 많이 부어 주십니다. 우리는 하나님 앞에서 하나님이 기뻐하시는 삶을 살아야 합니다. 주님의 영이 우리 마음 가운데 계시기 때문에 주님의 영의 인도함을 받아야 합니다.

"만일 너희 속에 하나님의 영이 거하시면 너희가 육신에 있지 아니하고 영에 있나니 누구든지 그리스도의 영이 없으면 그리스도의 사람이 아니라 또 그리스도께서 너희 안에 계시면 몸은 죄로 말미암아 죽은 것이나 영은 의로 말미암아 살아 있는 것이니라 예수를 죽은 자 가운데서 살리신 이의 영이 너희 안에 거하시면 그리스도 예수를 죽은 자 가운데서 살리신 이가 너희 안에 거하시

는 그의 영으로 말미암아 너희 죽을 몸도 살리시리라" _로마서
8:9-11

우리는 태어날 때 영이 죽은 상태로 태어납니다. 영이 언제 죽었
을까요? 아담과 하와가 죄를 지어 하나님과의 관계가 끊어졌을 때
영이 죽은 것입니다. 그래서 다시 태어나야 한다는 말은 죽은 영
이 다시 살아나야 한다는 것입니다. 예수님을 믿는 사람은 육신적
으로는 모태에서 태어나면서 살고, 예수님을 믿음으로 영이 또 살
아서 두 번 살게 됩니다. 영이 살아난 그 상태는 우리의 육신이 죽
어도 영혼은 죽지 않기 때문에 영원히 사는 것입니다. 그래서 성
경은 말씀합니다.

"예수께서 이르시되 나는 부활이요 생명이니 나를 믿는 자는 죽
어도 살겠고 무릇 살아서 나를 믿는 자는 영원히 죽지 아니하리니
이것을 네가 믿느냐" _요한복음 11:25-26

"이는 그를 믿는 자마다 영생을 얻게 하려 하심이니라" _요한복음
3:15

'영생'이라는 말은 헬라어로 '조애 아이오니오스ζωή αἰώνιος'입니

다. 예수님을 믿을 때 우리에게 주어집니다. 육신의 몸은 죽어도 영은 영원히 삽니다. 육신의 몸은 주님이 재림하실 때 영화로운 모습으로 태어나서 주님을 맞이하게 될 것입니다.

> "하나님이 주를 다시 살리셨고 또한 그의 권능으로 우리를 다시 살리시리라"_고린도전서 6:14

우리 육신의 썩을 것은 땅에 묻혀서 썩어지지만 영화로운 몸으로 다시 살아야 한다고 말씀하십니다.

> "죽은 자의 부활도 그와 같으니 썩을 것으로 심고 썩지 아니할 것으로 다시 살아나며"_고린도전서 15:42

사도 바울은 우리 육신의 몸이 죽었다가 다시 살아날 것이라고 말하는데 이는 우리가 예수님을 믿는 순간 우리에게 영생이 들어오기 때문에 우리는 영원토록 하나님의 자녀로 살게 될 것이라는 의미입니다.

> "주 예수를 다시 살리신 이가 예수와 함께 우리도 다시 살리사 너희와 함께 그 앞에 서게 하실 줄을 아노라"_고린도후서 4:14

내주하시는 성령님

성령의 역사로 예수님을 믿고 나서 구원받은 그 순간부터 우리가 인식하든지 인식하지 못하든지 우리 안에 성령이 들어와 계십니다.

"너희 몸은 너희가 하나님께로부터 받은 바 너희 가운데 계신 성령의 전인 줄을 알지 못하느냐 너희는 너희 자신의 것이 아니라"
_고린도전서 6:19

매우 중요한 것은 예수님을 믿는 그 순간부터 우리가 성령의 전이 된다는 것입니다. 그렇기에 예수님을 믿고 난 후에는 함부로 살면 안 됩니다. 자기 멋대로 죄짓고 방탕한 삶을 살면 안 됩니다. 하나님의 전인 우리가 극단의 선택을 하면 절대로 안 됩니다. 자신을 자해해서도 안 됩니다. 자신을 존중하고 잘 관리해서 건강한 몸으로 하나님을 섬겨야 합니다.

우리는 보통 사람이 아닙니다. 하나님의 사람이고 하나님의 전입니다. 성경이 그렇게 말씀하고 계시고 성령이 우리 마음에 들어오셔서 하나님의 전이 되고 하나님을 우리의 아버지로 부를 수 있게 해 주셨습니다.

> "너희가 아들이므로 하나님이 그 아들의 영을 우리 마음 가운데
> 보내사 아빠 아버지라 부르게 하셨느니라"_갈라디아서 4:6

아들의 영, 성령의 영을 우리에게 보내주셔서 하나님을 아빠 아버지라고 부를 수 있게 해 주셨습니다. 우리는 보통 사람이 아닙니다. 성령님이 거하시는 사람입니다. 예수님이 이시간 우리에게 말씀하십니다.

> "내가 아버지께 구하겠으니 그가 또 다른 보혜사를 너희에게 주
> 사 영원토록 너희와 함께 있게 하리니 그는 진리의 영이라 세상은
> 능히 그를 받지 못하나니 이는 그를 보지도 못하고 알지도 못함
> 이라 그러나 너희는 그를 아나니 그는 너희와 함께 거하심이요 또
> 너희 속에 계시겠음이라"_요한복음 14:16-17

성령님이 우리와 함께 계십니다. 우리가 평소에는 느끼지 못하고 성령충만할 때만 느끼지만, 성령님은 항상 우리와 함께하십니다. 그래서 우리 자신을 잘 관리하고 하나님의 전인 몸을 통해서 하나님께 영광 돌리는 삶을 살아야 합니다.

공부를 하는 사람들은 열심히 공부해서 하나님의 전인 자신을 통해서 하나님께 영광을 돌려야 하고, 사업을 하는 사람은 열심히 사업을 해서 하나님의 영광을 나타내야 하고, 의사는 환자를 잘 치료해서 하나님의 영광을 나타내야 합니다. 누구나 자기에게 주신 위치에서 열심을 다해야 합니다. 교사는 열심히 학생들을 가르쳐야 하고, 경찰들은 민중의 지팡이로 국민의 치안을 책임지고 국민이 평안하게 살 수 있도록 해야 합니다. 우리는 각자 하나님의 전으로서 맡은 일을 잘 감당해야 합니다.

요셉은 성령님과 늘 함께했기 때문에 애굽의 총리가 될 수 있었습니다.

> "바로가 그의 신하들에게 이르되 이와 같이 하나님의 영에 감동된 사람을 우리가 어찌 찾을 수 있으리요 하고"_창세기 41:38

바로는 하나님을 모르는 사람입니다. 그런 그가 "하나님의 영에 감동된 사람을 알아봤다"라고 말씀하고 있습니다. 요셉이 얼마나 하나님의 전으로서 그 삶을 아름답게 살았으면 그랬겠습니까? 요셉은 노예로 팔려 갔을 때도, 감옥에서 갇혔을 때도 하나님의 전으로서 하나님의 영광이 나타났기 때문에 그가 나중에 애굽의 총리대신이 된 것입니다.

사도 바울은 우리가 하나님의 전으로 우리의 몸을 잘 관리할 것을 말하고 있습니다.

> "너희는 너희가 하나님의 성전인 것과 하나님의 성령이 너희 안에 계시는 것을 알지 못하느냐 누구든지 하나님의 성전을 더럽히면 하나님이 그 사람을 멸하시리라 하나님의 성전은 거룩하니 너희 도 그러하니라"_고린도전서 3:16-17

> "너희 몸은 너희가 하나님께로부터 받은 바 너희 가운데 계신 성 령의 전인 줄을 알지 못하느냐 너희는 너희 자신의 것이 아니라 값으로 산 것이 되었으니 그런즉 너희 몸으로 하나님께 영광을 돌 리라"_고린도전서 6:19-20

여기에서 '값으로 샀다'라는 말씀은 예수님이 십자가에서 피 흘 리심으로 우리를 사셨다는 것입니다. 그렇게 우리가 예수님의 피 값으로 구원을 받았으니 하나님의 전인 우리의 목표는 이제 하나 님께 영광 돌리는 것이 되어야 합니다. 우리는 오직 하나님만 바라 보고 나아가야 합니다. 우리가 가는 길마다 하나님의 영광이 나타나야 합니다.

구원의 확신

성령님이 오시면 우리에게 늘 구원의 확신을 깨닫게 하십니다. 자칭 기독교인이라고 하는 사람들 가운데 신앙인들에게 이렇게 질문하는 이단이 있습니다.

"당신은 구원받았습니까?"

"네, 구원받았습니다."

"언제, 몇 시에 받았습니까?"

"잘 모르겠습니다."

"구원받은 사람이 자신이 언제, 몇 시에 구원받았는지도 모릅니까? 그리고 당신은 구원받았다고 했는데 마음에 늘 기쁨이 있습니까?"

"가끔은 기쁘지 않을 때도 있습니다."

"그렇다면 당신은 구원을 잘 못 받은 것입니다. 당신은 다시 구원을 받아야 합니다."

이게 바로 잘못된 것입니다. 구원을 언제, 몇 시에 받았냐고 물어보면 아는 사람이 거의 없습니다. 그런데 이단들은 구원받은 시간을 모른다고 하면 다시 구원받으라고 합니다. 항상 기쁘지 않다고 하면 잘못 믿고 있다고 합니다. 우리가 구원받은 것이 진짜가 아니라고 합니다. 그리고 구원받은 것을 잃어버릴 수 있다고 말하면서 신앙인들을 흔들어 놓습니다. 그러나 구원은 단번에 영원히 받는 것입니다. 그 누구도 흔들어 놓을 수 없습니다. 성령님이 우리에게 오셔서 그때그때 확신으로 역사하십니다. '나는 구원받았다. 나는 지금 주님께 부름을 받아도 천국에 갈 수 있다'라는 확신을 주십니다.

어느 목사님이 부흥회를 인도하면서 맨 앞에 앉아 있는 할머니에게 "할머니, 지금 죽어도 천국에 갈 줄 믿습니까?"라고 물었습니다. 그때 할머니의 대답은 '아멘'이 아니었습니다. 할머니는 "죽어봐야 알죠"라고 했습니다. 우리는 이렇게 예수님을 믿으면 안 됩니다. 누군가 우리에게 같은 질문을 한다면 '나는 언제 부름을 받아도 천국에 갑니다'라고 말할 수 있어야 합니다. 이러한 구원의 확신이 있어야 합니다.

"성령이 친히 우리의 영과 더불어 우리가 하나님의 자녀인 것을 증언하시나니" _로마서 8:16

"그가 또한 우리에게 인치시고 보증으로 우리 마음에 성령을 주셨느니라" _고린도후서 1:22

사도 바울은 "성령님이 우리 마음에 확실하게 보증을 서셨다"라고 말씀하고 있습니다. 구원에 대해서는 늘 성령의 은혜로 확신을 가져야 합니다. 기쁠 때는 '구원받았다'라고 생각하고, 시험에 들었을 때 '내가 구원받지 못했나?'라고 의심하면 안 됩니다. 구원받은 것이 감정에 따라서 왔다 갔다 하면 안 됩니다.

감정은 늘 변합니다. 우리는 기쁠 때가 있고 사소한 일에 낙심할 때가 있습니다. 분노할 때가 있고 미워할 때가 있고 용서할 때가 있습니다. 그러나 성령님은 변하지 않습니다. 구원은 변하지 않습니다. 예수님이 우리의 구세주가 되시는 것을 믿어야 합니다. 우리가 예수님을 믿고 구원받았다는 것을 믿음으로 고백해야 합니다. 예수님이 우리의 유일한 구세주가 되시고 우리의 하나님이 되심을 믿고 고백한다면 구원받은 것입니다. 어느 날 우리가 너무 힘이 들어서 '예수님이 살아 계시는지 모르겠다'라고 생각한다고 해서 구원이 우리 삶에서 떠나가는 것이 아닙니다. 우리는 예수님을 믿음으로 단번에 영원히 구원받았다는 것을 꼭 기억해야 합니다.

그런데 한 번 구원받은 사람도 지옥에 갈 수 있다고 주장하는 사람이 있습니다. 히브리서 6장에 예수님의 이름으로 구원받은 사람이 성령님의 역사를 거역하고 타락해서 다른 길로 가면 구원을 잃어버릴 수도 있다는 예가 한 번 등장합니다. 그것은 정말로 드문 경우입니다. 보편적인 구원의 역사를 이야기하는 것이 아닙니다. 이 말씀을 확대 해석해서 구원받은 사람도 지옥에 갈 수 있다고 말하는 것은 구원의 확신에 대한 근본을 흔드는 것입니다. 따라서 우리는 '나는 단번에 영원히 구원받았습니다. 그 누구도 나의 구원을 빼앗아 갈 수 없습니다'라고 고백해야 합니다. 이것을 성령님이 우리에게 깨닫게 하십니다.

> "곧 이것을 우리에게 이루게 하시고 보증으로 성령을 우리에게 주신 이는 하나님이시니라" _고린도후서 5:5

또한 성경은 성령으로 인치셨다고 했습니다.

> "그 안에서 너희도 진리의 말씀 곧 너희의 구원의 복음을 듣고 그 안에서 또한 믿어 약속의 성령으로 인치심을 받았으니" _에베소서 1:13

성령님이 우리 마음속에 도장을 찍듯이 "너는 구원받았다. 너는 하나님의 자녀이다. 하나님이 너와 함께하시고, 너의 일생에 복을 내려줄 것이다"라고 말씀하십니다.

한 번 구원받은 사람은 영원히 구원받은 것입니다. 구원받은 것이 아침에 받고 저녁에 기분 나쁠 때 사라지는 것이 아닙니다. 자꾸 감정의 기복을 가지고 신앙을 평가하고 판단하는 사람들이 있는데 감정은 감정일 뿐입니다. 그래서 신앙에 지·정·의가 합해져야 합니다. 지식적으로 깨달아 알고, 깊은 감성으로 받아들이고, 의지적으로 결단해야 합니다. 이러한 신앙 자세로 나아가는 삶이 복 받는 삶입니다. 기분 좋으면 교회에 나오고 기분 나쁘면 교회에 안 나오면 안 됩니다. 신앙생활은 꾸준해야 합니다. 감정에 의해서 좌우되어서는 안 됩니다.

"그의 계명을 지키는 자는 주 안에 거하고 주는 그의 안에 거하시나니 우리에게 주신 성령으로 말미암아 그가 우리 안에 거하시는 줄을 우리가 아느니라"_요한1서 3:24

성령님은 날마다 우리를 깨닫게 하십니다. 성령님이 우리 마음에 오셔서 구원의 확신을 주십니다. 성령님의 제일 중요한 사역은 우리가 예수님을 믿는 그날부터 하나님 나라에 갈 때까지 예수님의 모습으로 닮아 가도록 변화시켜 주시는 것입니다.

성화

성화聖化, sanctification란 예수님을 믿은 날부터 하나님 나라에 갈 때까지 우리의 전 일생 신앙의 과정을 말합니다. 즉 거룩해지는 모습이라고 말할 수 있습니다.

> "그의 영광의 풍성함을 따라 그의 성령으로 말미암아 너희 속사람을 능력으로 강건하게 하시오며"_에베소서 3:16

성화는 그리스도인이 한 평생 이루어가야 할 과제입니다. 예수님을 믿고 그 즉시 성품이 변화되어서 천사처럼 된 사람은 한 사람도 없습니다. 어제보다 오늘이, 오늘보다 내일이 점점 더 나아지는 모습으로 변화되는 것입니다.

> "주께서 사랑하시는 형제들아 우리가 항상 너희에 관하여 마땅히 하나님께 감사할 것은 하나님이 처음부터 너희를 택하사 성령의 거룩하게 하심과 진리를 믿음으로 구원을 받게 하심이니"_데살로니가후서 2:13

성령은 우리를 거룩하게 하는 영입니다. '거룩'이라는 것은 분리라는 뜻입니다. 죄와 분리되고 미움과 분리되고 세상과 분리되고 어두운 세력과 분리되는 것이 거룩입니다. 거룩은 얌전을 빼고 있는 것이 아니라 잘못된 것과 갈라서는 것입니다. 거칠었던 우리 말이 예수님을 닮아 덕스러운 말로 바뀌어야 합니다. 우리 언어가 바뀌는 것이 거룩입니다. 감정을 다스리지 못했던 사람이 감정을 다스리는 모습으로 바뀌는 것이 거룩입니다. 모든 면에서 예수님을 닮아 가야 합니다. 그것이 거룩입니다.

예수님을 믿고 성령의 은혜 가운데 거룩해져서 주님이 기뻐하시는 모습으로 변화되었을 때 거룩의 단계 속에서 많이 성숙된 모습으로 바뀌게 됩니다. 처음 예수님을 믿을 때 술을 즐겨 마시고 담배를 즐겨 피워도 일단 예수님을 믿기 위해서 교회에 나오면 됩니다. 그러면 성령님이 그 마음속에 역사하셔서 그 좋아하던 술도 끊게 해 주시고 그 좋아하던 담배도 끊게 해 주십니다. 그것이 거룩입니다. 왜냐하면 그러한 것에 빠져 있으면 주님께 가까이 갈 수가 없기 때문입니다.

물론 술 마셔도 예수님 믿으면 천국에 갑니다. 담배를 피워도 예수님을 믿으면 천국에 갑니다. 그렇다고 술을 마시고 담배를 피우라는 것이 아닙니다. 그러한 행동이 구원의 조건이 될 수 없다는 뜻입니다. 구원의 조건은 예수님의 이름을 믿는 것입니다. 이후에 문제는 주초酒草 문제가 우리의 경건 생활과 거룩한 생활에 걸림돌이 되느냐 안 되느냐입니다.

　미국의 유명한 목사님의 딸이 동성애에 빠졌습니다. 그 딸은 어릴 때부터 "나는 남자로 태어났어야 하는데 여자로 태어났다"라고 말하면서 늘 남자 옷을 입고 남자처럼 머리를 짧게 하고 다녔다고 합니다. 그러더니 대학에 간 후에 동성애에 빠지게 된 것입니다. 그 딸은 처음에는 자신이 남자가 된 듯한 상황 속에서 좋았다고 합니다. 여자인 자신은 남자고 자기 옆에 있는 여자 친구는 여자인 것이 좋았다고 합니다. 그러한 딸의 모습을 본 목사님과 사모님은 너무 속상해서 혼도 내보고 소리도 쳐 보고 눈물로 호소도 해 봤지만 소용이 없었다고 합니다. 그래도 목사님과 사모님이 끊임없이 눈물로 딸이 동성애에서 벗어나게 해 달라고 하나님께 간절히 기도했습니다.
　목사님과 사모님은 딸이 동성애자라도 교회에는 나와야 하니까 교회에 나오도록 했는데 성령님이 그 딸의 마음속에 임하니까 딸이 자신의 상황을 심각하게 여기고 기도하기 시작했습니다. 기도하는 가운데 성령님이 깨닫게 해 주셨습니다. '내가 동성애에 빠져 있는 한 하나님께 가까이 나갈 수 없다. 주님을 섬기는데 있어서 동성애는 잘못된 것이다'라고 스스로 깨닫게 된 것입니다.

동성애에 빠져 있는 동안에는 은혜받기가 힘듭니다. 주님께 가까이 나아가는 것이 힘듭니다. 그러나 성령이 역사하니까 본인 스스로 동성애에서 벗어났습니다. 이 얼마나 큰 은혜입니까? 동성애에 빠져 있던 목사님의 딸은 이렇게 간증했습니다.

"내가 어린 시절부터 동성애에 깊이 빠져 있었는데 은혜를 받으려고 하니까, 예수님을 잘 믿으려고 하니까 그것이 주님과 나 사이에 걸림돌이 된다는 것을 알았습니다. 그래서 동성애를 내 삶에서 벗어 버리고 그것에서 떠나 이제는 하나님의 자녀로 바로 살기로 했습니다."

성령님이 거룩한 영을 부어 주시니까 스스로 잘못된 것에서 떠나게 되는 것입니다. 주님과 우리와의 관계 속에서 걸림돌이 되는 것을 다 제하는 것이 거룩입니다. 도박에 빠진 사람, 마약에 빠진 사람, 동성애에 빠진 사람은 주님과 가까이할 수가 없습니다. 그러한 것이 주님과의 관계를 가로막는 걸림돌이 되기 때문입니다. 성령충만을 받으면 주님께서 그러한 것에서 떠나게 해 주십니다. 도박도 끊고 술도 끊고 담배도 끊고 동성애도 끊게 하십니다.

우리는 동성애자들을 향해서 나쁜 사람이라고, 죄인이라고 돌을 던지면 절대 안 됩니다. 그들을 품고 기도해야 합니다. 성령님이 그들을 감동하시도록 기도해야 합니다. 그래야 그들이 스스로 그것에서 벗어날 수 있습니다. 우리가 그들에게 동성애는 죄라고 비판하고 비난하기 때문에 그들은 더욱 자신들끼리 결속되어서 우리가 자신들을 차별한다고 항의하며 '차별금지법'을 주장하는 것입니다. 우리는 그들을 차별하지 않습니다. 본인들이 그렇게 느끼는 것입니다.

극단적인 예로 들었던 도박, 마약, 동성애뿐만 아니라 술, 담배, 거짓말, 시기, 질투, 미움, 분쟁 등 우리는 우리의 일상에서 범하기 쉬운 성화에 있어서 걸림돌이 되는 것은 스스로 정리해야 합니다.

"너희도 성령 안에서 하나님이 거하실 처소가 되기 위하여 그리스도 예수 안에서 함께 지어져 가느니라"_에베소서 2:22

"평강의 하나님이 친히 너희를 온전히 거룩하게 하시고 또 너희의 온 영과 혼과 몸이 우리 주 예수 그리스도께서 강림하실 때에 흠 없게 보전되기를 원하노라"_데살로니가전서 5:23

우리를 거룩하게 하는 도구는 주님의 말씀입니다. 이 하나님의 말씀은 하나님의 감동으로 쓴 것이기 때문에 말씀을 주야로 묵상

하면 말씀이 우리를 거룩하게 만듭니다.

> "그들을 진리로 거룩하게 하옵소서 아버지의 말씀은 진리니이다"
> _요한복음 17:17

말씀은 거울입니다. 우리가 말씀을 보면 스스로의 문제가 무엇인지 알게 됩니다. 주님 안에서 우리의 잘못된 모습이 무엇인지 보여 주십니다. 우리가 성경을 읽지 않고 바쁘게 살다 보면 자신을 보지 못할 때가 많습니다. 자신을 제대로 못 보니까 문제를 일으키는 것입니다. 자신이 의롭다고 여기면서 자기주장만 하니까 다른 사람과 부딪히는 것입니다. 자신은 잘못이 없다고 말하며 상대방 탓만 하니까 문제가 커지는 것입니다. 그러나 우리가 성경을 읽고 말씀 안에서 자신을 들여다보면 모든 것이 '내 탓이구나' 하는 것을 깨닫게 됩니다. 자신의 잘못을 고백하게 됩니다. 그래서 우리가 예수님을 믿고 나서는 주의 말씀 안에서 늘 자신을 훈련하며 거룩한 영성을 가지고 영적으로 성숙해지고 하나님께 영광 돌리는 삶을 살아야 합니다.

말씀은 읽을수록 새롭습니다. 말씀이 큰 은혜를 우리에게 허락하십니다. 우리가 하나님 앞에서 올바로 쓰임을 받으려면 말씀 가운데로 깊이 들어가야 합니다. 말씀과 성령의 역사는 분리할 수 없습니다. 성령의 역사가 말씀의 역사고 말씀의 역사가 성령의 역사이기 때문에 말씀에 깊이 들어가면 큰 은혜가 임합니다.

그래서 성화되는 과정에서 영성 훈련과 경건 훈련은 우리에게 큰 유익을 가져다줍니다. 성경에 이 세상에 사는 동안에도 복을 받고 천국에서도 복을 받는다는 유일한 표현이 나옵니다.

"망령되고 허탄한 신화를 버리고 경건에 이르도록 네 자신을 연단하라 육체의 연단은 약간의 유익이 있으나 경건은 범사에 유익하니 금생과 내생에 약속이 있느니라" _디모데전서 4:7-8

'금생今生' 즉 이 세상에도 하나님의 약속이 있고 축복이 있으며, '내생來生' 즉 다가올 세상에 축복이 있다고 말씀합니다. 그래서 우리가 주님 안에서 거룩함의 영성을 지키는 것은 이 땅에서도 복을 받고 저 천국에 가서도 큰 복을 받게 되는 것입니다. 우리는 성령충만해서 날마다 주님 안에서 거룩한 모습으로 회복되어야 합니다.

우리가 하나님께 처음 지음 받았을 때는 하나님 앞에서 하나님의 형상대로 거룩하게 지음을 받았습니다. 그런데 죄짓고 타락함으로 하나님의 형상이 다 파괴되었습니다. 다 무너졌습니다. 그러나 파괴되고 무너진 것이 성령님으로 인해 다시 회복되어야 합니다. 우리의 생각이, 우리의 말이, 우리의 행동이 작은 예수의 모습으로 바뀌어야 합니다.

그러나 성화는 이 땅에서 완성되지 않습니다. 마지막 주님 앞에 서게 될 때 그리스도와 같은 영화로운 모습으로 변화됩니다. 그때까지는 계속해서 무한대로 성장해야 합니다.

"오직 사랑 안에서 참된 것을 하여 범사에 그에게까지 자랄지라 그는 머리니 곧 그리스도라"_에베소서 4:15

우리 일생의 목표는 '예수님 닮기'가 되어야 합니다. '내 일생 소원은 늘 주님을 닮아 가고 주님께 더 가까이 나아가고 주님의 뜻을 이루다가 주님 앞에 서길 원합니다'라고 고백해야 합니다. 그래서 우리가 살아가는 동안 늘 주님 앞에서 거룩함의 영성을 회복하기 위해 몸부림쳐야 합니다.

아무리 사납고 성질이 못난 사람이라도 성령을 받으면 달라집니다. 황수관 박사님이 늘 하시던 이야기가 기억납니다. "여러분 저

좀 보세요. 제가 성령 받기 전에는 산도둑 같은 사람이었는데 지금 천사같이 되었습니다." 황 박사님은 본인 얼굴이 원래 산도둑 같았는데 성령을 받고 예수님을 믿고 나서 천사처럼 되었다고 말한 것입니다.

그렇습니다. 산도둑 같았던 사람이 천사처럼 변하는 것이 성령의 역사입니다. 예수님을 믿고 나서 근본적인 변화가 있어야 믿지 않는 사람들에게 본이 되는 것입니다. 빛과 소금의 역할을 감당하게 되는 것입니다. 그럴 때 우리는 영광스러운 모습으로 변하게 됩니다.

> "우리가 다 수건을 벗은 얼굴로 거울을 보는 것 같이 주의 영광을
> 보매 그와 같은 형상으로 변화하여 영광에서 영광에 이르니 곧
> 주의 영으로 말미암음이니라"_고린도후서 3:18

성경은 성령으로 말미암아 우리가 영광스러운 모습이 장착될 것을 말씀합니다. 우리가 이 땅에서 사는 동안 작은 예수의 모습으로 변화되길 원합니다.

캐나다에 몬트리올 성 요셉 성당Saint Joseph's Oratory of Mount Royal에는 성 안드레아 베세트Andrew Bessette 동상이 있습니다.

그 동상의 얼굴은 제가 봤던 그 어떤 사람의 얼굴보다도 온유하고 겸손했습니다. '사람의 모습이 어떻게 저렇게 온유하고 겸손할 수 있을까?' 하는 생각이 들 정도입니다. 예수님 같은 분이라고 느껴졌습니다. 우리의 모습도 그렇게 변화되길 바랍니다. 우리가 주님 앞에 나와서 은혜를 받으면 달라져야 합니다. 그래야 하나님의 복이 임합니다.

안드레아 베세트는 주의 종이 되기 위해 신학교에 가려고 했습니다. 그런데 건강이 너무 좋지 않아서 신학교에 입학할 수가 없었습니다. 신학교에서는 "당신은 건강이 안 좋아서 입학을 허락할 수 없다"라고 말하며 입학을 거부했습니다. 그는 평생 주님을 섬기고 헌신하기로 하나님 앞에 서약했지만 건강의 문제로 신학교에서 수업받을 수 없게 되자 교회 마당을 청소하고 관리하는 관리인이라도 되게 해 달라고 이야기했습니다. 그렇게 해서 관리인으로 교회를 청소하고 정리하는 일을 했습니다.

그는 교회 구석구석을 청소하고 부서진 것이 있으면 고쳤고 시간이 날 때마다 기도하며 늘 주님만 바라보았습니다. 그런데 어느 날 몸이 좋지 않아 잔뜩 웅크리고 교회에 온 할머니를 보았습니다. 할머니가 교회 한쪽에서 쭈그리고 앉아서 기도를 한 후 돌아가는 데 그 모습이 너무나 안타깝고 불쌍해 보였습니다. 그래서 그는 할머니께 "할머니, 제가 기도해 드려도 될까요?"라고 물었습니다. 그러자 할머니는 "네, 기도해 주세요"라고 대답했습니다. 안드레아 베세트가 할머니를 붙잡고 예수님의 마음으로 간절히 기도할 때 할머니가 건강해졌습니다. 몸을 제대로 펼 수 없어서 웅크리고 쭈그린 모습이었던 할머니가 기도를 받은 후 몸을 쫙 펴고 돌아갔습니다.

이러한 사실이 소문이 나기 시작하자 병자들이 몰려왔는데 안드레아 베세트가 예수님 마음으로 그들을 붙잡고 기도하니까 다들 병이 나았습니다. 그래서 몬트리올 성 요셉 성당에 가보면 목발이 가득 차 있습니다. 목발을 짚고 왔다가 치유되어서 두고 갔기 때문입니다.

안드레아 베세트는 참 겸손한 분이었습니다. 예수님같이 살다가 예수님의 부르심을 받고 천국에 갔는데 몬트리올 그 추운 1월_{영하 20~30도 정도 되는 기온} 장례식에 참석한 사람이 100만 명이 넘었다고 합니다. 우리도 예수님의 모습을 닮고 예수님처럼 살다가 예수님께 가야 합니다.

1. 거듭나게 하시는 성령님 ————

인간의 힘으로 거듭날 수 있는 사람은 아무도 없습니다. 성령님이 우리 마음 가운데 오셔서 예수님을 영접하게 하는 은혜를 주실 때 우리는 구원의 은혜 속으로 들어갈 수 있습니다. 구원받는 역사에 있어서 가장 중요한 것이 성령의 역사입니다. 예수님을 믿는 사람은 육신으로 태어나면서 살고, 예수님으로 인해 영이 또 살아서 두 번 살게 됩니다. 영이 살아난 그 상태는 죽어도 영혼이 죽지 않기 때문에 영원히 사는 것입니다.

2. 내주하시는 성령님 ————

예수님을 믿고 나서 성령으로 구원받았는데 그 순간부터 우리가 알고 있든지 알지 못하든지 우리 안에 성령님이 들어와 계십니다. 매우 중요한 것은 예수 믿는 그 순간부터 내가 성령의 전이 된 것입니다. 그렇기에 예수 믿고 난 후에는 함부로 살면 안 됩니다. 함부로 죄짓고 방탕한 삶을 살면 안 됩니다. 자신을 존중하고 잘 관리해서 건강한 몸으로 하나님을 섬겨야 합니다.

3. 구원의 확신 ⎯⎯⎯

구원받은 것이 우리 감정에 따라서 왔다 갔다 하면 안 됩니다. 성령님은 변하지 않습니다. 구원은 변하지 않습니다. 예수님이 우리의 구세주가 되시는 것을 믿어야 합니다. 우리가 예수님을 믿고 구원받았다는 것을 믿음으로 고백해야 합니다. 예수님이 우리의 유일한 구세주가 되시고 우리의 하나님이 되심을 믿고 고백한다면 구원받은 것입니다.

4. 성화 ⎯⎯⎯

성화聖化, sanctification란 예수님을 믿은 날부터 하나님 나라에 갈 때까지 우리의 전 일생 신앙의 과정을 말합니다. 즉 거룩해지는 모습입니다. 성화는 그리스도인의 한 평생 이루어가야 할 신앙인의 과제입니다. 성령은 우리를 거룩하게 하시는 영입니다. '거룩'이라는 것은 분리라는 뜻입니다. 죄와 분리되고 미움과 분리되고 세상과 분리되고 어두운 세력과 분리되는 것이 거룩입니다.

Part 2

성령에 사로잡히다

Chapter 04

사도행전에 나타난 성령세례와 방언

"사도와 함께 모이사 그들에게 분부하여 이르시되
예루살렘을 떠나지 말고 내게서 들은 바
아버지께서 약속하신 것을 기다리라
요한은 물로 세례침례를 베풀었으나 너희는 몇 날이 못되어
성령으로 세례침례를 받으리라 하셨느니라"

사도행전 1:4-5

사도행전에 나타난 성령세례침례와 방언

예수님께서 승천하시기 전에 제자들에게 "예루살렘을 떠나지 말고 내게서 들은 바 아버지께서 약속하신 것을 기다리라"행 1:4고 하셨습니다. 그리고 성령세례침례를 받을 것이라고 말씀하셨습니다.

> "요한은 물로 세례침례를 베풀었으나 너희는 몇 날이 못되어 성령으로 세례침례를 받으리라"_사도행전 1:5

세례침례를 받는 것은 주님의 명령입니다. "성령으로 세례침례를 받으라"는 말씀은 성령세례침례를 받아도 되고 안 받아도 되는 것이 아니라 반드시 "받으라"는 명령입니다. 그러므로 예수님을 믿고 난 후 반드시 성령세례_{침례}를 받아야 합니다.

성령세례_{침례}는 예수님을 믿고 난 후에 우리 삶의 전환점이 되는 매우 중요한 영적인 체험입니다. 성령으로 세례_{침례}를 받고 방언이 터져 나오면 그때부터 깊은 영적 차원의 세계로 들어가게 됩니다. 성령세례_{침례}를 받기 전에는 우리 힘으로 기도하려고 하면 기도하는 것이 너무나 어렵습니다. 5분, 10분 기도하기도 어렵습니다. 그러나 성령세례_{침례}를 받고 방언으로 기도하면 1시간도, 2시간도, 3시간도 기도할 수 있습니다. 깊은 기도에 들어갈 수 있게 됩니다. 그러므로 우리는 반드시 성령세례_{침례}를 받아야 합니다.

오순절 날 임한 성령님

사도행전에 성령세례_{침례} 사건이 다섯 번 나오는데, 그중 오순절 날 성령이 임하는 사건이 사도행전 2장에 나옵니다.

"오순절 날이 이미 이르매 그들이 다같이 한 곳에 모였더니 홀연히 하늘로부터 급하고 강한 바람 같은 소리가 있어 그들이 앉은 온 집에 가득하며 마치 불의 혀처럼 갈라지는 것들이 그들에게 보여 각 사람 위에 하나씩 임하여 있더니 그들이 다 성령의 충만함을 받고 성령이 말하게 하심을 따라 다른 언어들로 말하기를 시작하니라 그 때에 경건한 유대인들이 천하 각국으로부터 와서 예루살렘에 머물러 있더니 이 소리가 나매 큰 무리가 모여 각각 자기의 방언으로 제자들이 말하는 것을 듣고 소동하여 다 놀라 신기하게 여겨 이르되 보라 이 말하는 사람들이 다 갈릴리 사람이 아니냐 우리가 우리 각 사람이 난 곳 방언으로 듣게 되는 것이 어찌 됨이냐”_사도행전 2:1-8

성령세례침례를 기다리라는 주님의 말씀을 붙잡고 열흘 동안 간절히 기도했을 때 오순절 날 성령이 임했습니다. 그날 모두 성령세례침례를 받고 방언을 했는데, 이때 나타난 방언은 외국어 방언이었습니다. 그들은 한 번도 배워보지 않았던 다른 나라 언어를 사용했습니다. 열여섯 개의 언어로 하나님을 찬양했습니다.

“우리는 바대인과 메대인과 엘람인과 또 메소보다미아, 유대와 갑바도기아, 본도와 아시아, 브루기아와 밤빌리아, 애굽과 및 구레네에 가까운 리비야 여러 지방에 사는 사람들과 로마로부터 온 나그네 곧 유대인과 유대교에 들어온 사람들과 그레데인과 아라비아인들이라 우리가 다 우리의 각 언어로 하나님의 큰 일을 말함을 듣는도다 하고”_사도행전 2:9-11

원래는 언어가 하나였는데 인간의 교만으로 말미암아 여러 언어로 나누게 되었습니다. 창세기 11장에 바벨탑 사건이 나옵니다. 교만해진 인간이 바벨탑을 쌓고 "우리 이름을 내자. 우리가 하나님처럼 되자. 하나님처럼 높아지자"라고 했을 때 하나님께서 언어를 흩으셨습니다. 그런데 오순절 날 임한 성령의 역사로 말미암아 나누어졌던 모든 언어가 하나님을 찬양하는 언어로 바뀌었습니다. 각 나라 사람이 들을 때 자신의 나라 언어로 들리도록 방언을 했습니다. 방언이 자신의 나라 언어로 들렸는지, 방언을 그 나라 언어로 말했는지는 분명하지 않습니다. 20세기 초 1901년 1월 1일 아그네스 오즈만Agnes Ozman이라고 하는 신학생이 성령을 받을 때 평생 배우지 않았던 중국어로 3일 동안 방언을 한 것을 보면 외국어 방언임에는 틀림이 없습니다. 그 당시 하나님의 영광을 드러내기 위해서 외국어 방언을 주신 것입니다.

특별한 경우에 이러한 외국어 방언을 주실 때가 있고, 성령을 받고 나서 은사 방언을 주실 때는 사람들은 알지 못하고 성령님만 아시는 언어로 방언기도를 할 수 있게 됩니다. 그러나 오순절 날 성령이 임했을 때는 약 열여섯 개의 언어로 하나님을 찬양하는 놀라운 일이 일어난 것입니다. 한 가지 기억할 수 있는 것은 성령을 받고 나서 방언을 할 때 근본적인 목표는 오직 하나입니다. 하나

님을 찬양하는 것입니다. 그러므로 방언하는 사람들이 잘못 살면
안 됩니다. 하나님을 찬양하는 삶을 살아야지 주님이 기뻐하지 않
으시는 모습으로 살면 방언을 주신 목적이 사라지는 것입니다. 우
리의 기도가 더욱 깊어지고 하나님을 찬양하기 위해서 우리에게
방언이라고 하는 은사를 주신 것입니다.

사마리아에 임한 성령님

사도행전 2장에 첫 번째 성령세례침례 사건이 나오고 8장에서는
사마리아에 복음이 증거되고 성령이 임한 것에 대해서 나옵니다.

"예루살렘에 있는 사도들이 사마리아도 하나님의 말씀을 받았다
함을 듣고 베드로와 요한을 보내매 그들이 내려가서 그들을 위하
여 성령 받기를 기도하니 이는 아직 한 사람에게도 성령 내리신 일
이 없고 오직 주 예수의 이름으로 세례침례만 받을 뿐이더라 이에
두 사도가 그들에게 안수하매 성령을 받는지라 시몬이 사도들의
안수로 성령 받는 것을 보고 돈을 드려 이르되 이 권능을 내게도
주어 누구든지 내가 안수하는 사람은 성령을 받게 하여 주소서
하니"_사도행전 8:14-19

성경에는 "오직 성령이 너희에게 임하시면 너희가 권능을 받고 예루살렘과 온 유대와 사마리아와 땅 끝까지 이르러 내 증인이 되리라 하시니라"행 1:8고 하셨습니다. 유대인이 적대시하고 차별하고 상종하지 않았던 사마리아 사람들에게 복음이 증거되고 그들이 예수님을 믿고 하나님을 체험하겠다는 말을 듣고 베드로와 요한이 가보니 정말로 많은 사람이 예수님을 믿고 있었습니다. 그리고 그들에게 안수하니 성령이 임해서 방언이 터져 나왔습니다. 그것으로 사람들이 성령 받은 것을 알게 되었습니다.

성령 받은 증거가 바로 방언이었습니다. 이렇게 성령 받는 것을 보고 마술사 시몬이 돈을 줄 테니 자기에게도 안수해서 방언이 터져 나오게 해달라고 요청하는 사건이 사도행전 8장에 나옵니다. 성령의 능력은 돈 주고 살 수 있는 것이 아닙니다. 은혜는 값없이 받는 것입니다.

우리는 아주 고귀한 은혜를 값없이 받기 때문에 받은 은혜를 잘 간직하고 전해야 합니다. 어떠한 돈의 가치로도 계산할 수 없는 가장 고귀한 가치를 값없이 받은 것입니다. 예수님을 믿음으로 가장 고귀한 영생을 선물로 받은 것입니다.

두 번째 주신 가장 큰 축복은 성령세례침례를 통해서 성령에 사로잡혀서 성령의 인도함을 따라 사는 은혜입니다. 우리는 이 받은 은혜를 잘 간직하고 잘 나누면서 주의 사랑을 실천해야 합니다.

사도 바울에게 임한 성령님

예수님을 믿는 사람들을 잡으러 다메섹으로 가던 사울_{바울}은 빛 가운데로 오신 예수님을 만나고 두 눈이 멀게 되었습니다. 그때 주님의 음성을 들은 사울은 아나니아에게 안수받은 후 눈이 떠졌습니다.

> "아나니아가 떠나 그 집에 들어가서 그에게 안수하여 이르되 형제 사울아 주 곧 네가 오는 길에서 나타나셨던 예수께서 나를 보내어 너로 다시 보게 하시고 성령으로 충만하게 하신다 하니 즉시 사울의 눈에서 비늘 같은 것이 벗어져 다시 보게 된지라 일어나 세례_{침례}를 받고"_사도행전 9:17-18

사울은 안수받을 때 성령의 충만한 은혜를 입어 눈이 떠졌습니다. 우리도 성령충만을 받으면 영의 눈이 떠집니다. 우리의 욕심과 만족을 위해 세상을 바라보던 육신의 눈이 영의 눈으로 바뀌어서 하늘나라를 바라보게 되고 주의 말씀을 바라보게 되고 하나님이 기뻐하시는 삶을 살게 되는 것입니다. 많은 사람이 육의 눈만 뜨고 세상 것만 보기 때문에 죄짓고 불의하고 방탕한 삶을 사는 것입니다. 그럴 때 성령충만을 받아 영의 눈이 떠져야 하나님 나라의 신비한 것을 바라보고 영적인 축복을 받아 누릴 수 있게 됩니다.

그런데 사도행전 9장을 보면 사도 바울이 성령을 받을 때 방언했다는 말씀이 안 나옵니다. 그 당시 방언이 나왔는지 안 나왔는지 성경에 기록하고 있지 않지만, 그 뒤에 사도 바울이 고린도 교회에 보낸 편지를 보면 이와 같은 말씀이 나옵니다.

"내가 너희 모든 사람보다 방언을 더 말하므로 하나님께 감사하노라"_고린도전서 14:18

이 말씀을 통해 사도 바울은 늘 방언으로 기도했던 것을 알 수 있습니다. 그러니까 우리는 성령 받고 반드시 방언기도를 해야 확신이 생기고 기도가 깊어집니다. 기도를 많이 해서 성령 받고 방언이 터져 나오면 그때부터 깊은 기도 가운데로 인도함을 받게 됩니다. 주님과 더 가까이 동행하는 삶을 살면서 복된 삶을 누리게 됩니다.

고넬료에게 임한 성령님

성령님은 말씀 속에서 역사하십니다. 말씀이 살아 역사할 때 마음이 뜨거워집니다. 성령의 감동이 임하는 것입니다. 이달리야 군대의 백부장이었던 고넬료는 하나님을 경외하는 사람이었습니다. 그런 그가 예수님에 대한 메시지를 듣기 원했고, 베드로가 그에게 말씀을 전할 때 성령이 임했습니다.

> "베드로가 이 말을 할 때에 성령이 말씀 듣는 모든 사람에게 내려
> 오시니 베드로와 함께 온 할례 받은 신자들이 이방인들에게도 성
> 령 부어 주심으로 말미암아 놀라니 이는 방언을 말하며 하나님
> 높임을 들음이러라"_사도행전 10:44-46

성령이 얼마나 강하게 임했는지 설교를 들을 때 바로 성령이 임했습니다. 사도 바울은 3일 동안 금식하다가 사모하는 마음으로 아나니아에게 안수받고 성령을 받았습니다. 또 사도행전 2장에 예수님의 제자들은 열흘 동안 간절히 기도하다가 성령을 받았습니다. 사마리아 성도들도 예수님을 믿고 나서 안수받을 때 성령이 임했습니다. 그런데 고넬료는 이방 사람이지만 얼마나 믿음이 좋았던지, 얼마나 하나님을 경외하고 하나님의 뜻대로 살았는지 설

교를 듣다가 성령을 받았습니다. 방언이 터졌습니다. 하나님께서
이방인들에게도 성령을 부어 주셨습니다. 간절히 사모하면 설교를
듣다가도 바로 성령 받고 방언이 터집니다.

에베소에 임한 성령님

에베소에 성경을 잘 가르치는 아볼로라고 하는 성경학자가 있었
습니다. 요즘으로 말하면 잘 나가는 신학교 교수와 같은 사람이 있
었습니다. 사도 바울은 그 에베소에 있는 교회를 가보고 싶었습니
다. 워낙에 소문이 많이 난 교회이기도 하고 성경을 잘 가르치는
학자가 목회를 하는 곳이다 보니 많이 부흥했을 거라 여겼을 것입
니다. 그런데 사도 바울이 가보니까 성도가 열두 명이 있었습니다.
이때 사도 바울은 다른 것을 묻지 않고 성령을 받았는지 물었습니
다. 그런데 그들은 성령이 무엇인지 몰랐습니다. 들어본 적이 없다
고 했습니다.

"아볼로가 고린도에 있을 때에 바울이 윗지방으로 다녀 에베소에
와서 어떤 제자들을 만나 이르되 너희가 믿을 때에 성령을 받았느
냐 이르되 아니라 우리는 성령이 계심도 듣지 못하였노라 바울이

이르되 그러면 너희가 무슨 세례_{침례}를 받았느냐 대답하되 요한의 세례_{침례}니라 바울이 이르되 요한이 회개의 세례_{침례}를 베풀며 백성에게 말하되 내 뒤에 오시는 이를 믿으라 하였으니 이는 곧 예수라 하거늘 그들이 듣고 주 예수의 이름으로 세례_{침례}를 받으니 바울이 그들에게 안수하매 성령이 그들에게 임하시므로 방언도 하고 예언도 하니 모두 열두 사람쯤 되니라"_사도행전 19:1-7

성령을 받으면 교회가 부흥하게 됩니다. 여의도순복음교회가 이 짧은 기간에 세계 최대의 교회가 될 수 있었던 이유는 성령의 역사입니다. 성령님이 역사하시니까 사람들이 구름떼처럼 교회로 몰려온 것입니다.

이스라엘 백성이 광야에서 지낼 때 하나님이 바람을 부시니까 메추라기가 하룻길 거리에 두 규빗이나 내렸습니다. 메추라기가 90cm 정도로 쌓여서 한 달 내내 먹고 또 먹고 질릴 정도로 먹을 수 있게 가득했습니다. 하나님의 바람이 불었기 때문에 가능한 일입니다.

성령의 바람이 불어야 사람들이 교회에 몰려옵니다. 성령의 바람이 불어야 하나님의 은혜와 기쁨이 충만하고 교회가 부흥하게 되는 것입니다.

저도 4대째 기독교장로교 집안에 태어나서 어릴 때부터 성경공부를 많이 했습니다. 작은 아버님은 매주 토요일마다 우리 형제를 앉혀놓고 성경퀴즈를 내고 그 퀴즈를 잘 풀면 50환짜리 거북선 동전을 상금으로 주셨습니다. 저는 그 상금을 받기 위해서 일주일 내내 열심히 성경공부를 했습니다. 어느 날은 마태복음, 어느 날은 다니엘서 등 미리 성경 한 권씩 범위를 정해 주셨기에 한 주간 동안 성경을 읽고, 어머께 예상 문제를 가르쳐 달라고 하고 그 예상 문제를 다 외우곤 했습니다. 그러다 보니 각종 성경퀴즈 대회를 나가면 항상 제가 1등을 했습니다. 집에서 매일 가정예배를 드리고 매주 토요일 형제들과 함께 성경퀴즈를 하느라 성경 전체 내용을 잘 알고 있었습니다. 그런데 순복음교회당시 순복음중앙교회에 온 첫날 성령 받으라는 말씀을 들었습니다. 4대째 기독교 집안에서 매일 가정예배를 드리고 토요일마다 성경 퀴즈를 풀었지만 1964년 순복음교회에 오기 전까지는 한 번도 성령 받으라는 이야기를 들어본 적이 없었습니다. '성령이 뭐지?'라고 생각을 하는데 이번에는 방언을 받으라고 했습니다. 궁금해서 성경에 찾아보니 성령과 방언이 있었습니다. 그래서 성령세례침례와 방언 받기를 사모하기 시작했고 성령세례침례와 방언을 받았습니다.

에베소에 있는 열두 성도도 순복음교회에 나오기 전 저와 같이 성령의 역사는 전혀 모르고 교회만 왔다 갔다 하다 보니 그저 이름은 그리스도인인데 능력이 없는 그리스도인으로 살지는 않았나 생각해 봅니다.

사도행전 3장에 보면 베드로와 요한이 성전에 기도하러 올라가다가 나면서부터 걷지 못하고 불구가 된 앉은뱅이 거지를 만났습니다. 그가 베드로와 요한에게 구걸을 할 때 베드로와 요한은 그를 보고 "은과 금은 내게 없거니와 내게 있는 이것을 네게 주노니 나사렛 예수 그리스도의 이름으로 일어나 걸으라"행 3:6고 했습니다. 성령 받고 나니까 앉은뱅이도 벌떡벌떡 일어나게 합니다. 이렇게 성령을 받으면 능력이 나타납니다.

요즘 문제는 은과 금은 있는데 예수 그리스도 이름의 능력이 없는 것입니다. 그러다 보니 앉은뱅이는커녕 감기도 못 고쳐서 열이 나면 바로 약국부터 가서 약을 찾습니다. 39도 정도의 열도 '예수 이름으로 물러가라'고 선포하면 36도로 뚝 떨어져야 하는데 체온을 재고 39도가 되면 놀라서 걱정부터 하며 약국으로 달려갑니다. 우리가 이렇게 약해졌습니다. 은과 금은 생겼는데 예수 그리스도 이름의 능력이 사라졌습니다.

왜 그럴까요? 그 이유는 우리가 성령충만하지 않기 때문입니다. 성령충만을 받아야 귀신을 쫓아내고 마음의 근심과 걱정을 쫓아내고 질병을 쫓아낼 수 있는 것입니다. 이렇듯 성령충만이 중요하기 때문에 사도행전에 성령세례침례 받는 사건이 다섯 번이나 나오는 것입니다. 성령세례침례를 받고 난 후 방언이 나타나는 것이 세 번 기록되어 있고, 나머지 두 번도 방언이 나타난 것으로 추측이 됩니다.

그러므로 성령 받고 방언이 나타나는 것은 자연적인 현상이고 우리가 사모해야 하는 능력 체험인 줄 믿습니다. 여의도순복음교회가 속한 하나님의성회 교리에는 '성령세례침례의 외적 표적은 방언이다'라고 되어있습니다. 방언은 은사로 나타나는 것이고, 실질적으로 내적인 열매로 우리의 삶 가운데 하나님의 역사가 나타나고 하나님의 뜻을 이루는 것이 더 중요합니다.

1. 오순절 날 임한 성령님 ____

성령세례침례를 기다리라는 주님의 말씀을 붙잡고 열흘 동안 간절히 기도한 제자들에게 오순절 날 성령이 임했습니다. 그날 모두 성령세례침례를 받고 방언을 말했는데 외국어 방언이었습니다. 그들이 한 번도 배워보지 않았던 다른 나라 언어를 사용했습니다. 열여섯 개의 언어로 하나님을 찬양했습니다. 성령을 받고 나서 방언을 할 때 근본적인 목표는 오직 하나입니다. 하나님을 찬양하는 것입니다. 우리의 기도가 더욱 깊어지고 하나님을 찬양하기 위해서 우리에게 방언이라고 하는 은사를 주신 것입니다.

2. 사마리아에 임한 성령님 ____

유대인이 적대시하고 차별하고 상종하지 않았던 사마리아 사람들이 예수님을 믿고 하나님을 체험하겠다는 말을 듣고 베드로와 요한이 가보니 많은 사람이 예수님을 믿었습니다. 그리고 그들에게 안수하니 성령이 임해서 방언이 터져 나왔습니다. 성령 받은 증거가 바로 방언이었습니다.

3. 사도 바울에게 임한 성령님 ───────

예수님을 믿는 사람들을 잡으러 다메섹으로 가던 사울은 빛 가운데 오신 예수님을 만나고 두 눈이 멀게 되었습니다. 그때 주님의 음성을 듣고 아나니아에게 안수받은 후 눈이 떠졌습니다. 우리도 성령충만을 받으면 영의 눈이 떠집니다. 우리의 욕심과 만족을 위해 세상을 바라보던 육신의 눈이 영의 눈으로 바뀌어서 하늘나라를 바라보게 되고 주의 말씀을 바라보게 되고 하나님이 기뻐하시는 삶을 살게 되는 것입니다.

4. 고넬료에게 임한 성령님 ───────

성령님은 말씀 속에서 말씀과 함께 역사하십니다. 말씀이 살아 역사할 때 마음이 뜨거워지며 성령의 감동이 임합니다. 하나님을 경외하는 이달리야 군대의 백부장 고넬료는 예수님에 대한 메시지를 듣기 원했고 베드로가 그에게 말씀을 전할 때 성령이 임했습니다. 하나님께서 이방인들에게도 성령을 부어주셨으며, 간절히 사모하면 설교를 듣다가도 바로 성령을 받고 방언이 터집니다.

5. 에베소에 임한 성령님

에베소에 성경을 잘 가르치는 아볼로라고 하는 성경학자가 있었습니다. 사도 바울은 그 에베소에 있는 교회를 가보고 싶었습니다. 워낙에 소문이 많이 난 교회이기도 하고 성경을 잘 가르치는 학자가 목회를 하는 교회이다 보니 많이 부흥했을 거라 여겼을 것입니다. 그런데 사도 바울이 가보니까 성도가 열두 명이 있었습니다. 이때 사도 바울은 다른 것을 묻지 않고 성령을 받았는지 물었습니다. 그런데 그들은 성령이 무엇인지 몰랐습니다. 교회는 성령을 받아야 부흥하게 됩니다. 성령의 바람이 불어야 사람들이 교회에 몰려옵니다. 성령의 바람이 불어야 하나님의 은혜와 기쁨이 충만하고 교회가 부흥하게 되는 것입니다.

Chapter 05

사도행전에 나타난
성령충만

"오직 성령이 너희에게 임하시면 너희가 권능을 받고
예루살렘과 온 유대와 사마리아와 땅 끝까지 이르러
내 증인이 되리라 하시니라"

사도행전 1:8

"술 취하지 말라 이는 방탕한 것이니
오직 성령으로 충만함을 받으라"

에베소서 5:18

사도행전에 나타난 성령충만

오순절 날 성령이 강림해서 120명의 예수님 제자들이 성령충만을 받았습니다. 성령충만은 예수님께서 승천하시기 전 제자들에게 마지막으로 약속하신 말씀입니다.

"사도와 함께 모이사 그들에게 분부하여 이르시되 예루살렘을 떠나지 말고 내게서 들은 바 아버지께서 약속하신 것을 기다리라 요한은 물로 세례침례를 베풀었으나 너희는 몇 날이 못되어 성령으로 세례침례를 받으리라 하셨느니라"_사도행전 1:4-5

이 말씀을 붙잡고 열흘 동안 간절히 기도한 예수님의 제자들은 성령세례침례를 받았습니다. 복음서를 보면 예수님이 오셔서 물과 성령으로 세례침례를 주실 것을 말씀하신 내용이 곳곳에 나옵니다.

복음서에서 가르친 성령충만

"요한이 모든 사람에게 대답하여 이르되 나는 물로 너희에게 세례침례를 베풀거니와 나보다 능력이 많으신 이가 오시나니 나는 그의 신발끈을 풀기도 감당하지 못하겠노라 그는 성령과 불로 너희에게 세례침례를 베푸실 것이요"_누가복음 3:16

"나도 그를 알지 못하였으나 나를 보내어 물로 세례침례를 베풀라 하신 그이가 나에게 말씀하시되 성령이 내려서 누구 위에든지 머무는 것을 보거든 그가 곧 성령으로 세례침례를 베푸는 이인 줄 알라 하셨기에"_요한복음 1:33

세례침례 요한이 많은 사람에게 세례침례를 베풀었습니다. 구약에 세례침례 예식은 정결 예식으로 세례침례 요한이 예수님이 오실 길을 예비하면서 죄 사함을 받게 하는 세례침례를 베풀었습니다. 물세례침례와 성령세례침례의 차이점은 물세례침례는 죄 사함의 의미가 있고 성령세례침례는 주님의 권능으로 덧입힘을 받는 것에 있습니다. 세례침례는 정결 의식으로 씻는다는 의미인데 침례교단에서 물 속에 잠기는 세례침례인 침수례를 하고, 가톨릭이나 장로교 등 다른 교단에서는 머리에 물을 붓는 관수례나 머리에 물을 뿌리는 살수례를 합니다.

가톨릭에서는 어릴 때 태어나면서부터 가지고 있는 원죄에 대한 죄 사함죄 씻음을 받는다는 의미에서 반드시 유아세례침례를 받게 했습니다. 가톨릭에서는 유아세례침례를 굉장히 중요하게 여깁니다. 그리고 아이가 자라 자기의식이 있을 때 스스로 지은 죄에 대해서 사함을 받고 이제 하나님의 자녀로서 삶을 살겠다 고백하는 견진성사堅振聖事라는 예식을 거치게 합니다. 하지만 기독교에서는 태어났을 때 받은 유아세례침례를 통해 죄 사함을 받는다고 생각하지 않습니다. 기독교에서 세례침례를 받는 것은 내가 스스로 예수님을 구세주로 믿고 영접한 그때 이미 성령님이 내주하시지만, 구원의 외적 상징으로 세례침례를 받는 것입니다.

성경을 통해 주님께서 우리에게 정해 주신 것은 세례침례와 성찬 딱 두 가지입니다. 그런데 가톨릭은 일곱 가지를 만들었습니다. 유아세례침례를 시작으로 견진성사, 성체, 고해, 병자, 성품, 혼인성사를 만들어 성례전으로 확대시켰습니다.

성령세례침례는 성령의 능력을 부여받는 것이며 성령의 은혜 가운데 잠기는 것입니다. 그렇다면 성령세례침례와 성령충만은 어떤 차이가 있을까요? 성령세례침례는 성령충만의 시작입니다. 우리가 성령충만함을 받고 처음으로 방언이 터져 나올 때 '아! 내가 성령충만을 받았구나!', '아! 내가 성령세례침례를 받았구나!' 생각하게 되는데 이때 방언이 성령충만의 첫 출발이 되는 것이며 계속해서 성령충만을 받아야 합니다. 성령세례침례는 일회성이며 성령충만은 반복되는 영적 체험입니다.

"술 취하지 말라 이는 방탕한 것이니 오직 성령으로 충만함을 받으라"_에베소서 5:18

"성령으로 충만함을 받으라"는 말씀에서 '받으라'는 표현은 진행형입니다. 영어로 ing입니다. 받고 또 받고 또 받으라는 말씀입니다. 성령충만은 한 번 받는 것으로 완전히 다 이루어지는 것이 아니라 계속 경험해야 합니다. 왜 우리가 성령충만 받았다고 하면서도 실수하고 넘어지고 죄짓고 잘못된 길로 갈까요? 그것은 성령충만함을 잃어버렸기 때문입니다. 늘 성령충만하지 못하기 때문입니다.

물이 100℃가 되면 팔팔 끓는데 이때 불을 끄면 물의 열기가 식습니다. 성령충만은 물이 100℃로 계속 팔팔 끓도록 불타오르는 충만함을 유지하는 것입니다. 그런데 불행하게도 우리가 그 충만함을 유지하지 못하니까 실수하고 사람과 사람 사이에서 다툼이 일어나고 분노하고 미워하고 거짓말하고 죄를 짓는 것입니다.

우리가 성령충만하면 그럴 이유가 없습니다. 처음 성령충만을 받고 나면 얼마나 기쁜지 자나 깨나, 앉으나 서나 오직 예수님만 찾고 예수님 생각만 합니다. 예수님을 생각하면 눈물이 나고 찬송을 불러도 눈물이 나고 교회에 와도 눈물이 나고 말씀을 들어도 눈물이 납니다. 이것이 성령충만입니다. 그런데 어느 순간 '쏴~'하게 우리 심장이 메말라 옆에 사람이 울면 왜 우나 생각하면서 오히려 옆에 사람을 평가하고 판단하는 바리새인이 되어있는 우리 자신을 발견합니다.

요한계시록에서는 에베소 교회에게 "너를 책망할 것이 있나니 너의 처음 사랑을 버렸느니라"계 2:4라고 말씀하고 있습니다. 뜨거운 감격을 잃어버렸다고 말씀하는 것입니다. 회복하라는 것입니다. 교회에 나오는 것이 기쁨이 되어야 하는데 '벌써 주일이 됐어?'

라고 생각한다면 그것은 신앙이 잘못된 것입니다. '주일이 왜 이렇게 빨리 안 오지?'라는 마음이 들어야 합니다.

우리는 1년 365일 성령충만해야 합니다. 그렇다면 우리가 성령충만한 것을 어떻게 알 수 있을까요? 아주 간단하게 알 수 있는 방법이 있습니다. 성령의 은사와 성령의 열매를 맺는 것을 보면 알 수 있습니다. 자신에게 성령의 열매가 있는지 질문해 보면 됩니다.

성령의 첫 번째 열매는 사랑이며, 두 번째 열매는 희락 즉 기쁨입니다. 우리가 기쁘고 즐겁고 마음이 평안하다면 성령충만의 기본적인 모습이 있으므로 성령충만한 것입니다. 그런데 마음이 편하지 않고 속상하고 속이 뒤집어지고 화나고 짜증이 나고 신경질 날 때가 있습니다. 평소와 똑같은 일인데도 그날따라 보기 싫고 화가 날 때가 있습니다. 갑자기 그런 마음이 드는 것입니다. 그 이유는 우리에게서 성령충만이 떠났기 때문입니다. 이러한 마음은 누가 뭐라고 해도 우리 자신이 잘 알고 있습니다. 기쁨이 늘 충만하고 감사가 충만해야 하는데, 어느 날부터 갑자기 비판적으로 되고 입에서 원망과 불평이 나온다면 그것은 우리 자신에게 성령의 불이 꺼졌기 때문입니다. 그래서 성령충만의 불이 식은 것입니다. 만일 지금 우리의 모습이 이렇다면 다시 성령의 불을 지펴야 합니다. 성령의 불이 다시 타오르게 해야 합니다. 말씀의 장작을 넣어 성령의 불이 타오르게 해야 합니다.

성령충만과 권능

> "오직 성령이 너희에게 임하시면 너희가 권능을 받고 예루살렘과 온 유대와 사마리아와 땅 끝까지 이르러 내 증인이 되리라 하시니라" _사도행전 1:8

사도행전 1장 8절에서는 단어 세 가지만 기억하면 됩니다. '성령', '권능', '증인'입니다. 성령을 받으면 권능을 받습니다. 권능은 헬라어로 두나미스δυναμις입니다. 두나미스라는 말에서 영어 다이나마이트dynamite가 나왔습니다. 폭발적인 힘을 말합니다. 성령을 받으면 권능이 생깁니다. 그 권능으로 귀신도 쫓아내고 병도 고치고 주님의 이름으로 기적을 행할 수 있습니다. 어떤 문제나 어려움을 당해도 마음을 굳건히 하고 믿음으로 나아갈 수 있게 됩니다.

얼마 전 뉴스를 통해서 기저질환이 있는 임산부가 코로나19 백신을 안 맞았는데 아이를 낳고 죽었다는 기사를 봤습니다. 아이는 코로나19 음성으로 태어났는데 엄마는 아이를 낳고 코로나19 확진으로 세상을 떠났습니다. 참 안타까운 일입니다. 임신 중에 면역력이 떨어졌고, 기저질환이 있는데 백신을 맞지도 못한 상태에서 코로나19 바이러스가 들어온 것입니다.

성령충만은 영적인 백신입니다. 성령충만을 받아 영적 면역력을 높여야 합니다. 영적 면역체계가 무너지는 일이 없도록 해야 합니다. 성령충만을 받지 않으면 영적 면역력이 떨어져 아무것도 아닌 일로 공격받을 때 마음이 무너지게 됩니다. 마음이 무너지니까 몸이 무너집니다. 우리 몸은 스트레스를 받으면 온갖 병이 다 들어오게 됩니다. 우울증, 불면증, 신경성 위장병, 소화불량, 고혈압, 당뇨 등이 막 들어옵니다. 영적인 면역력이 떨어지면 모든 질병이 우리를 공격합니다. 그러나 성령충만 받아서 영적으로 강해지면 마음속에 주님이 주시는 기쁨과 평안함으로 다른 사람은 염려하고 잠 못 잘 때 우리는 두 다리 뻗고 단잠을 잘 수 있습니다. 주님이 함께하시기 때문입니다.

베드로는 성령충만해서 나면서부터 걷지 못하는 사람을 일으켰습니다.

"베드로가 이르되 은과 금은 내게 없거니와 내게 있는 이것을 네게 주노니 나사렛 예수 그리스도의 이름으로 일어나 걸으라 하고"
_사도행전 3:6

그런데 그 일로 베드로를 죽이려고 감옥에 집어넣었습니다. 주

위에서 베드로를 살려달라고 밤새 철야기도를 했습니다. 베드로는 쇠사슬에 묶인 채 누워있었고, 그 양옆에는 군인 둘이 있었습니다. 그뿐만 아니라 네 명씩 보초를 서면서 밤새 3교대로 지키고 있었습니다. 첫 번째 철문과 두 번째 철문이 있었습니다. 그리고 날이 밝으면 처형을 당할 처치에 놓여 있었습니다. 이런 상황에서 편하게 잠을 잘 사람이 어디에 있겠습니까? 마지막까지 잠을 잘 수도 없고, 형장으로 끌려갈 때 안 간다고 몸부림치는 것이 일반 사형수들의 모습인데 베드로는 코를 골고 자고 있었습니다. 성령이 임하면 마음에 평안함을 주십니다. "너희가 일찍이 일어나고 늦게 누우며 수고의 떡을 먹음이 헛되도다 그러므로 여호와_{아웨}께서 그의 사랑하시는 자에게는 잠을 주시는도다"^{시 127:2}라는 말씀은 마음에 평안함을 주신다는 뜻입니다.

중요한 것은 성령충만을 받고 권능을 받아야 합니다. 그리고 권능을 받고 증인이 되어야 합니다. 증인은 헬라어로 말투스^{μάρτυς}입니다. 말투스는 순교자입니다. 순교자는 목숨을 내놓고 복음을 전하는 자입니다. 우리가 성령충만하면 목숨을 내놓고 복음을 전해야 합니다. 요즘 많은 사람이 열심히 전도합니다. 왜 그럴까요? 하나님의 은혜로 성령 받은 사람들이 기본적으로 할 일이 전도이기 때문입니다.

나겸일 목사님이 국민부흥사협회 행사에 오셔서 말씀을 전하셨을 때 일입니다. 축사를 2분만 해 주시기를 요청했는데 단에 올라가서서 15분 이상 계속 말씀을 전하셨습니다. 행사 진행자가 메모지에 '다음 순서가 많이 있습니다'라고 적어서 전달했습니다. 그런데 저는 그날 나겸일 목사님 말씀에 굉장히 감동받고 도전을 받았습니다. 나겸일 목사님이 강조하신 것은 "복음을 전하라. 목숨을 내놓고 복음을 전하라"는 것이었습니다.

나겸일 목사님이 주안장로교회에서 목회를 하실 때 1천 명 이상 전도한 성도에게 특별상을 주었는데 그해 제일 많이 전도한 성도가 안강자 권사님입니다. 그 권사님은 9천 명을 전도했다고 합니다. 우리도 성령충만하면 이런 일이 생길 수 있습니다. 전도하지 않으면 주님 앞에 설 때 상급이 없습니다. 베드로가 권능을 받으니까, 성령충만하니까 앉은뱅이를 일으키는 역사가 일어났던 것처럼 우리도 성령충만하면 전도할 수 있습니다.

앉은뱅이를 일으킨 일로 심문받는 베드로는 그 일을 설명할 때 "예수님의 이름으로 걷게 되었다"라고 이야기했습니다.

"이에 베드로가 성령이 충만하여 이르되 백성의 관리들과 장로들아 만일 병자에게 행한 착한 일에 대하여 이 사람이 어떻게 구원을 받았느냐고 오늘 우리에게 질문한다면 너희와 모든 이스라엘 백성들은 알라 너희가 십자가에 못 박고 하나님이 죽은 자 가운데서 살리신 나사렛 예수 그리스도의 이름으로 이 사람이 건강하게 되어 너희 앞에 섰느니라"_사도행전 4:8-10

그리고 베드로는 담대하게 복음을 증거했습니다.

"사도들이 큰 권능으로 주 예수의 부활을 증언하니 무리가 큰 은혜를 받아"_사도행전 4:33

"하나님이 나사렛 예수에게 성령과 능력을 기름 붓듯 하셨으매 그가 두루 다니시며 선한 일을 행하시고 마귀에게 눌린 모든 사람을 고치셨으니 이는 하나님이 함께 하셨음이라"_사도행전 10:38

우리에게도 베드로와 같은 능력이 있어야 합니다. 우리도 베드로와 같이 권능의 사람으로 살아야 합니다. 무기력하게, 연약하게 매일 영적으로 이리 치이고 저리 치이는 인생을 살지 말고 강하고 담대하게 영적 전쟁의 승리자로 살아야 합니다. 마음을 단단히 지키고 앞만 바라보고 전진해야 합니다. 이 말 한마디에 우측으로, 저 말 한마디에 좌측으로 쏠리면 승리하는 삶을 살 수 없습니다.

성령 받은 사람들은 세상 풍파에 쉽게 흔들리지 않습니다. '환난아, 문제야, 어려움아, 다 와라. 나는 끄덕하지 않는다. 나사렛 예수의 이름으로 명하노니 염려와 걱정은 떠나가라. 질병은 떠나가라. 내 마음을 괴롭히는 모든 것은 떠나가라. 예수 그리스도의 평안함이 내게 임할지어다'라고 선포해야 합니다.

"하나님이 우리에게 주신 것은 두려워하는 마음이 아니요 오직 능력과 사랑과 절제하는 마음이니" _디모데후서 1:7

POINT

1. 복음서에서 가르친 성령충만 _____

성령세례_{침례}는 성령의 능력을 부여받는 것이며 성령의 은혜 가운데 잠기는 것입니다. 성령세례침례는 일회성이며 성령충만은 반복되는 영적 체험입니다. "성령으로 충만함을 받으라"엡 5:18는 말씀에서 '받으라'는 표현은 진행형입니다. 영어로 ing입니다. 받고 또 받고 또 받으라는 말씀입니다. 한 번 받는 것으로 완전히 다 이루어지는 것이 아닙니다. 계속 경험해야 합니다. 우리는 1년 365일 성령충만해야 합니다.

2. 성령충만과 권능 _____

성령을 받으면 권능을 받습니다. 권능은 헬라어로 두나미스δυναμις입니다. 두나미스라는 말에서 다이나마이트dynamite가 나왔습니다. 폭발적인 힘을 말합니다. 성령을 받으면 권능이 생깁니다. 성령충만은 영적인 백신입니다. 성령충만을 받아 영적 면역력을 높여야 합니다. 영적 면역체계가 무너지는 일이 없도록 해야 합니다. 중요한 것은 성령충만을 받고 권능을 받아야 합니다. 그리고 권능을 받고 증인이 되어야 합니다. 증인은 헬라어로 말투스μάρτυς입니다. 말투스는 순교자입니다. 순교자는 목숨을 내놓고 복음을 전하는 자입니다. 우리가 성령충만하면 목숨을 내놓고 복음을 전해야 합니다.

Chapter 06

성령의 은사

"은사는 여러 가지나 성령은 같고 직분은 여러 가지나
주는 같으며 또 사역은 여러 가지나 모든 것을
모든 사람 가운데서 이루시는 하나님은 같으니
각 사람에게 성령을 나타내심은 유익하게 하려 하심이라
어떤 사람에게는 성령으로 말미암아 지혜의 말씀을,
어떤 사람에게는 같은 성령을 따라 지식의 말씀을,
다른 사람에게는 같은 성령으로 믿음을,
어떤 사람에게는 한 성령으로 병 고치는 은사를,
어떤 사람에게는 능력 행함을, 어떤 사람에게는 예언함을,
어떤 사람에게는 영들 분별함을,
다른 사람에게는 각종 방언 말함을,
어떤 사람에게는 방언들 통역함을 주시나니
이 모든 일은 같은 한 성령이 행하사
그의 뜻대로 각 사람에게 나누어 주시는 것이니라"
고린도전서 12:4-11

Chapter
06

성령의 은사

'은사'라는 단어 자체가 주는 어감은 왠지 신비하고 우리가 알지 못하는 큰 역사를 담고 있을 것 같지만 영어로는 기프트gift, 선물이 며, 헬라어로는 카리스마타χαρίσματα입니다. 하나님께서 하나님의 영광을 위해서, 교회를 섬기기 위해서, 교회와 이웃에게 유익을 끼치기 위해서 우리에게 주신 선물입니다.

하나님이 우리에게 선물을 주신 이유는 이 선물을 가지고 기쁘게 쓰라고 주신 것입니다. 선물을 줄 때 조건을 가지고 따지는 사람은 없습니다. 그냥 사랑하니까 주는 것입니다. 선물을 받은 사람은 그 선물을 기쁘게 받고 잘 활용하면 됩니다. 선물을 받고 풀어보지도 않고 옆에 방치하고 쌓아 놓을 사람은 한 사람도 없을

것입니다. 이처럼 하나님이 선물로 주신 성령의 은사를 우리는 잘
사용해야 합니다.

은사의 목적

성경은 은사를 주신 목적에 대해서 유익하게 하시기 위함이라
고 말씀하십니다.

> "은사는 여러 가지나 성령은 같고 직분은 여러 가지나 주는 같으
> 며 또 사역은 여러 가지나 모든 것을 모든 사람 가운데서 이루시
> 는 하나님은 같으니 각 사람에게 성령을 나타내심은 유익하게 하
> 려 하심이라"_고린도전서 12:4-7

또한 에베소서에서 이 은사를 주신 목적이 무엇인지 상세히 설
명해 주십니다. 은사는 성도를 온전하게 하고 봉사하게 하며 그리
스도의 몸 된 교회를 세우기 위해서 주신 것입니다.

> "그가 어떤 사람은 사도로, 어떤 사람은 선지자로, 어떤 사람은
> 복음 전하는 자로, 어떤 사람은 목사와 교사로 삼으셨으니 이는

성도를 온전하게 하여 봉사의 일을 하게 하며 그리스도의 몸을 세우려 하심이라 우리가 다 하나님의 아들을 믿는 것과 아는 일에 하나가 되어 온전한 사람을 이루어 그리스도의 장성한 분량이 충만한 데까지 이르리니"_에베소서 4:11-13

교회에서 교사로 학생을 가르치는 것도 가르치는 은사를 주셨기 때문에 가능한 일입니다. 아무나 교사를 하는 것이 아니라 아이들을 가르치는 것이 무척이나 기쁘고 그 가르침을 통해서 아이들이 변화되고 영적으로 성장하는 것을 보며 하나님께 감사할 때 교회학교가 부흥하고 교회에 미래가 있는 것입니다.

교회 봉사는 억지로 해서는 안 됩니다. 우리 인간의 힘으로 억지로 봉사하다가 스스로 시험에 드는 경우가 많습니다. 주님의 일은 기쁨과 감사함으로 해야 합니다. 남선교회에 나와서 봉사하거나 여선교회에 나와서 봉사할 때 기쁘고 감사함으로 해야 은혜가 있고 축복이 있습니다. 억지로 하면 그만큼 하나님의 축복을 본인이 제한하는 것입니다. 넘치는 기쁨과 감사로 주님 앞에 나와서 봉사할 때 하나님께서 복의 복을 더해 주십니다.

저는 성령 받고 나니까 교회를 섬기는 일이 무척이나 기쁘고 감사했습니다. 중고등학생 시절에 토요일이면 교회에서 살았습니다. 주보를 만들고 학생회 교재도 만들면서 봉사하는 것이 기뻤습니다. 고등학교 2학년 때에는 교회학교에서 보조교사로 아이들을 돌보고 가르치고 섬겼는데 무척이나 행복했습니다. 그때는 교회가 급격하게 부흥할 때라 여기저기에서 사람이 필요할 때였습니다. 그래서 성가대에서도 봉사했습니다. 고등학생이 어른 성가대 가운을 입고 성가대석에 앉아서 찬양을 했습니다.

당시 예루살렘 성가대 지휘는 우리나라 사람들이 가장 즐겨 부르던 가곡 중 하나인 「가고파」를 작곡하신 김동진 선생님이 하셨습니다. 그분의 아버지 김화식 목사님은 순교하신 분입니다. 저는 김동진 선생님께 박자와 음정을 정확하게 맞춰서 찬양하는 것을 배웠습니다. 사실 그전에는 그냥 목소리만 크게 하면서 찬양을 했었습니다. 그런데 김동진 선생님은 찬송가 한 곡을 한 달 동안 연습시키실 정도로 기본기를 탄탄하게 잘 가르쳐주셨습니다.

김동진 선생님은 작곡에 대한 은사가 있었습니다. 은사는 하나님이 누구에게나 주시는 데 문제는 우리 성격이나 인품과 상관없이 그냥 주십니다. 때때로 우리는 방언을 하는 사람이 왜 저렇게 성질을 내나 싶을 때가 있지만 은사는 그 사람의 성품과 상관이 없습니다. 하나님께서 하나님을 위해서 사용하라고 주시는 것이기 때문입니다.

그래서 저는 학생이었지만 어른 성가대에서 찬양도 하고, 교회학교 교사도 하면서 1인 몇 역씩 맡아서 했습니다. 교회가 부흥하려면 젊은이들이 성령충만을 받아서 교회학교를 섬겨야 합니다. 또한 남선교회에 가서 섬기고 여선교회에 가서 섬기고 교회 구석구석에서 섬겨야 합니다. 봉사해야 합니다. 기쁨으로 봉사해야 합니다.

봉사하는 것도 은사입니다. 구역장들은 구역 식구들을 섬겨야 합니다. 구역이 날마다 부흥해야 합니다. 봉사는 아무나 하는 것이 아니라 성령이 임하면 기뻐서 그 일을 하게끔 성령님이 은사를 주십니다. 주의 종도 그냥 떠밀려서 하면 안 됩니다. 은사가 있는 사람이 주의 종이 되어야 말씀을 전하고 목회할 때 하나님께서 교회를 지켜주시고 세워주시는 것입니다.

최자실 목사님이 하시던 말씀이 늘 기억납니다. "내가 나이 들어서 후회하는 것은 열심이 있는 사람은 아무나 다 목사가 되라고 했는데 목사가 된 사람 중에 목사가 되지 말아야 했던 사람들이 있네." 최자실 목사님은 교회에서 봉사를 많이 하는 젊은 사람들을 보면 주의 종이 되라고 하셨습니다. 배가 조금 나온 사람들에게는 배를 찌르면서 3일 금식하라고 하셨고, 배가 많이 나온 사람에게는 일주일 금식하라고 하셨습니다. 배를 찔리면 금식해야 했습니다.

최자실 목사님은 이어서 말씀하셨습니다. "그런데 내가 보니까 주의 종은 부르심을 받아야지 떠밀려서 가면 나중에 오히려 속상할 일이 많이 생기더라."

성경에는 모든 사람에게 은사를 주었다고 하셨습니다. "어떤 사람은 사도로, 어떤 사람은 선지자로, 어떤 사람은 복음 전하는 자로, 어떤 사람은 목사와 교사로"엡 4:11 부르심을 입은 사람들에게 다 은사를 주셨다고 하셨습니다. 그래서 은사를 받은 사람들은 기쁘고 감사함으로 주님을 섬기고 교회를 섬겨야 합니다. 그 은사를 통해서 교회를 섬길 때, 교회에 유익을 끼칠 때, 교회를 세우기 위해서 헌신할 때 하나님은 복을 주십니다.

은사가 없는 사람이 교회를 섬긴다고 왔다 갔다 하다가는 교회를 허물어뜨립니다. 은사는 교회를 세우라고 주신 것입니다. 그래서 우리가 은혜를 받고 난 다음에는 우리에게 주신 은사가 무엇인지 발견해야 합니다. 가르침에 은사가 있는지, 복음을 전하는 은사가 있는지, 섬기는 은사가 있는지…… 우리에게 주신 은사를 찾아내야 합니다. 그리고 그 은사를 통해서 하나님을 열심히 섬겨야 합니다.

은사와 열매

성령의 은사와 열매는 차이가 있습니다. 은사는 우리의 인격과 상관없이 하나님께 쓰임 받고 영광을 돌리기 위해서 주시는 것입니다. 그래서 인격에 문제가 있는 사람도 은사를 받고 방언도 하고 병도 고칩니다. 그런데 문제는 성령의 열매가 함께 있어야 그 주신 은사를 잘 활용할 수 있습니다. 성령의 열매 없이 은사를 받으니까 교만해지는 경우가 많았습니다. "내가 가서 기도하니까 병이 나았습니다. 내가 어디에 가서도 기도했더니 병이 나았습니다"라고 말하게 되는 것입니다.

30년 전 워싱턴에 있을 때 이야기입니다. 교회에 병 고치는 은사가 있는 집사님이 있었습니다. 그 교구에는 교구장인 여전도사님이 있는데도 아픈 사람이 있으면 모두 그 집사님에게 연락했습니다. 그 집사님은 전화가 오면 새벽 1시나 2시나 상관없이 전도사님에게 연락도 안 하고 혼자 그 집에 가서 기도해 주었습니다. 그러다 보니 주의 종인 교구 전도사님이 환자 심방을 가면 이미 그 집사님이 왔다 갔다고 하는 것입니다. 주의 종의 권위가 안 서고 그 교구에서 여러 가지 문제가 생겼습니다. 교구 식구들은 주의 종이 하는 말보다 그 여집사님의 말을 더 잘 따랐고 전도사님하고도 늘 충돌이 생겨서 하루는 제가 그 여집사님을 불렀습니다.

"집사님, 병은 누가 고치시나요?"

"하나님이 고치시죠."

그 집사님은 답을 이미 알고 있었습니다.

"그런데 제가 듣기로는 집사님이 여기저기 다니면서 '내가 병을 고쳤다. 내가 병을 고쳤다'라고 한다는데, 그것은 잘못된 것입니다."

제 이야기를 듣던 집사님은 누가 그런 말을 했냐면서 저에게 막 성질을 냈습니다. 누가 일렀냐면서 가만 안 두겠다고 화를 냈습니다. 주의 종이 말을 하면 고치겠다고 하면 되는데 자기는 새벽이고 낮이고 연락이 오면 막 뛰어다니면서 열심히 심방했는데 그게 뭐가 잘못이냐며 따지는 것입니다.

그 구역은 구역 식구가 서른다섯 명이었습니다. 원래는 열 명이 넘으면 분리해야 하는데 그 구역은 분리하지 않았습니다. 그 집사님은 절대 구역 식구를 나누지 못하겠다고 하면서 자기가 서른다섯 명을 다 이끌어야 한다고 했습니다. 본인이 기도해서 병을 고쳤으니 본인 구역 식구라고 했습니다.

교회에서 열심히 봉사하는 것은 좋은데 교회 질서에 순종하고, 주의 종에게 순종하고, 나 자신이 아닌 주님께 영광을 돌려야 합니다. 저는 말씀으로 그 집사님을 권면한 후에 기도하자고 하고 함께 기도를 했습니다. 그런데 그 집사님은 아멘도 제대로 안 하고 씩씩거리고 나갔습니다. 그러더니 그다음 주에 교회를 떠났습니다. 혼자 조용히 떠난 것이 아니라 교회를 시끄럽게 흔들고 떠났습니다. 교회 목사님이 자기를 인정해 주지 않고, 전도사님이 자기보다 실력이 없어서 자기를 시기해서 쫓겨났다고 소문을 내고는 열댓 명과 함께 나갔습니다.

그 집사님은 당시 우리 교회 옆에 있는 성결교회로 갔는데, 그 교회에서는 순복음교회에서 대단한 분이 왔다고 쌍수를 들고 환영했습니다. 그런데 나중에 그 교회 담임목사님을 통해서 들려오는 소리가 여기저기 다니면서 안수해서 목사님이 목회할 수가 없어서 그 집사님을 불러서 "집사님, 우리 성결교회에서는 그렇게 안수하고 병 고치면 안 됩니다"라고 이야기했더니 하나님이 자기에게 주신 영적인 은사를 몰라보냐고 하면서 또 다른 교회로 갔다고 합니다.

처음에는 너도나도 순복음교회에서 훌륭한 사람이 왔다고 좋아하지만, 한두 달 지나면 목사님들이 골치가 아팠습니다. 그러다 보니 계속 문제가 생기고 그 집사님은 여기저기 교회를 떠돌아다니다가 1년 후에 와장창 깨지고 사기가 꺾여서 다시 우리 교회로 왔습니다. 함께 나갔던 사람들은 다 없어졌습니다. 받은 은사를 겸손하게 사용하지 않으면 잘못된 방향으로 가게 되는 것입니다.

은사를 외적으로 나타나는 것이라고 한다면, 열매는 내적으로 나타나는 것입니다. 성령충만의 역사로 성품이 달라질 수 있음을 보여 줍니다. 은사를 통해서는 우리 성품이 안 바뀌지만, 열매를 통해서는 성품이 달라질 수 있습니다. 성령충만을 받으면 성령의 열매를 맺고 성품이 달라져야 합니다. 예수님을 닮은 성품으로 사랑과 희락과 화평과 오래 참음과 자비와 양선과 충성과 온유와 절제의 열매를 맺어야 합니다.

예를 들어 성령의 은사를 크리스마스를 알리기 위해서 만든 크리스마스트리에 달린 장식품이라고 한다면, 성령의 열매는 과일 열매 같이 우리 안에서 스스로 진액을 만들어 내서 밖으로 나타내는 것입니다. 하나님께서 우리에게 은사를 주신 것은 우리의 인격과 상관없이 주신 것이지만, 하나님의 영광을 위해서 주셨으니 성령의 열매와 조화를 이루어서 그 열매를 통하여 사람들에게 덕을 끼치고, 은사를 통해서 교회를 부흥시키는 주님의 일꾼이 되어야 합니다.

계시의 은사

고린도전서에 나타난 은사에는 대표적인 은사와 여러 가지 은사가 있습니다. 이 은사들은 대부분 성경이 완성되기 전에 부분적으로 나타났던 은사들이고, 지금 이 아홉 가지 은사 중에서 그대로 나타나는 은사는 많지 않습니다. 그러나 우리는 은사에 대해서 알아야 합니다. 계시의 은사로는 지혜의 은사, 지식의 은사, 영분별의 은사가 있습니다.

"어떤 사람에게는 성령으로 말미암아 지혜의 말씀을, 어떤 사람에게는 같은 성령을 따라 지식의 말씀을"_고린도전서 12:8

"어떤 사람에게는 능력 행함을, 어떤 사람에게는 예언함을, 어떤 사람에게는 영들 분별함을, 다른 사람에게는 각종 방언 말함을, 어떤 사람에게는 방언들 통역함을 주시나니"_고린도전서 12:10

지혜의 은사

지혜의 은사는 지식을 잘 활용해서 가장 적합하게 결정하고 판단하는 능력을 말합니다.

> "그러나 우리가 온전한 자들 중에서는 지혜를 말하노니 이는 이 세상의 지혜가 아니요 또 이 세상에서 없어질 통치자들의 지혜도 아니요 오직 은밀한 가운데 있는 하나님의 지혜를 말하는 것으로서 곧 감추어졌던 것인데 하나님이 우리의 영광을 위하여 만세 전에 미리 정하신 것이라"_고린도전서 2:6-7

어떤 일을 결정할 때 가장 최선의 선택을 하고 최고의 결정을 하는 것이 지혜인데, 교회에서 제직을 세울 때 이러한 지혜가 충만한 사람을 세우라고 말씀하셨습니다.

> "형제들아 너희 가운데서 성령과 지혜가 충만하여 칭찬 받는 사람 일곱을 택하라 우리가 이 일을 그들에게 맡기고"_사도행전 6:3

모든 일을 할 때 가장 적합한 판단과 결정을 할 수 있는 지혜가 있는 사람들이 제직이 되어야 합니다. 제직이 지혜가 없으면 자꾸

엇박자가 납니다. 자꾸 잡음이 나고 큰소리가 나게 됩니다. 그래서 교회에서 지혜가 충만하고 사람들에게 칭찬받고 존경받는 사람을 세우라고 말씀하신 것입니다.

솔로몬 왕은 가장 지혜로운 사람입니다. 같은 날 아이를 출산하고 함께 잠을 잔 두 창기의 이야기입니다. 한 아이의 엄마가 자다가 일어나 보니 자기 아이가 죽어 있었습니다. 어떻게 죽었는지는 알 수 없습니다. 이 사람은 그 옆에서 자고 있는 다른 아이와 자신의 죽은 아이를 바꿨습니다. 이후 한 아이를 놓고 두 엄마가 서로가 자기 아이라고 했습니다. 그런데 솔로몬은 누구의 아이인지 바로 알 수 있었던 거 같습니다. 아이를 대하는 엄마의 태도에서 진짜 엄마가 누구인지 알 수 있었던 거 같습니다. 솔로몬은 그것을 증명하기 위해서 아이를 반 잘라 두 여인에게 나눠주라고 말합니다. 그러자 진짜 엄마는 그러지 말고 그냥 옆에 있는 엄마에게 아이를 주라고 합니다. 그러나 가짜 엄마는 그러자고 합니다. 공평하게 나누자고 합니다. 그 모습을 본 솔로몬이 진짜 엄마에게 아이를 찾아 주었습니다 왕상 3:16-28.

"온 이스라엘이 왕이 심리하여 판결함을 듣고 왕을 두려워하였으니 이는 하나님의 지혜가 그의 속에 있어 판결함을 봄이더라"_열

왕기상 3:28

예수님은 지혜가 충만한 분이었습니다. 서기관과 바리새인들이 간음한 여인을 끌고 와서 판결을 요구한 일이 있습니다요 8장. 율법에서는 돌로 쳐 죽이라고 했으나 예수님은 그렇게 판결하지 않으셨습니다. 죄 없는 자가 먼저 돌로 치라고 하셨습니다.

"그들이 묻기를 마지 아니하는지라 이에 일어나 이르시되 너희 중에 죄 없는 자가 먼저 돌로 치라 하시고"_요한복음 8:7

예수님이 지혜로운 판단과 결정을 하신 것이 또 있습니다. 세금을 바치는 것에 관한 내용입니다마 22:16-22. 바리새인들이 예수님께 질문을 합니다. "선생이여, 우리가 가이사에게 세금을 바쳐야 합니까? 안 바쳐야 합니까?" 예수님이 세금을 바치라고 하면 로마에 충성하는 것이고, 바치지 말라고 하면 충성하지 않는다고 하려는 함정이 있는 질문이었습니다. 이때 예수님은 동전을 가져오라고 말씀하십니다. 그리고 동전에 누구의 얼굴이 있냐고 물어보십니다. 그들은 가이사의 얼굴이 있다고 말합니다.

그 당시 모든 동전에 황제의 얼굴이 있었습니다. 세상의 것은 세상에 바치고 하나님의 것은 하나님께 바치라고 하신 것입니다.

"이르되 가이사의 것이니이다 이에 이르시되 그런즉 가이사의 것은 가이사에게, 하나님의 것은 하나님께 바치라 하시니" _마태복음 22:21

예수님을 함정에 빠트리려고 했던 사람들은 아무 소리도 못 하고 다 물러갔습니다. 이것이 지혜입니다. 그래서 우리도 중요한 결정을 해야 할 때 하나님께 지혜의 은사를 주셔서 가장 바른 선택을 하게 해 달라고 먼저 간구해야 합니다.

지식의 은사

특별히 성령의 은사로 주시는 지식은 일반적인 지식이 아닌 초자연적인 지식입니다.

"이는 너희가 그 안에서 모든 일 곧 모든 언변과 모든 지식에 풍족하므로" _고린도전서 1:5

성경에 아나니아와 삽비라 사건이 기록되어 있습니다행 5장. 아나니아와 삽비라가 자신의 재산을 판 후 전부가 아닌 일부를 가지고 와서는 전부라고 속였습니다. 그런데 베드로는 그것이 전부가 아니라는 것을 알았습니다. 하나님이 지식의 은사를 주셔서 알게 하신 것입니다.

> "베드로가 이르되 아나니아야 어찌하여 사탄이 네 마음에 가득
> 하여 네가 성령을 속이고 땅 값 얼마를 감추었느냐 땅이 그대로
> 있을 때에는 네 땅이 아니며 판 후에도 네 마음대로 할 수가 없더
> 냐 어찌하여 이 일을 네 마음에 두었느냐 사람에게 거짓말한 것이
> 아니요 하나님께로다"_사도행전 5:3-4

이스라엘과 아람 군대가 대적해 있을 때 엘리사가 아람 군사들
이 하는 모든 전략을 지식의 은사로 알 수 있었고 그것을 왕에게
알려서 늘 전쟁을 대비할 수 있도록 했습니다_{왕하 6장}. 그러자 아람
왕은 자신들의 비밀 전략을 누군가 이스라엘에 알린다고 생각했
습니다. 그래서 전략을 누설하는 자가 누군지 조사해 보라고 했습
니다. 이때 이 명령을 받은 종이 "그것이 아니라 엘리사 선지자가
왕이 하신 말씀을 알고 다 이스라엘 왕에게 전합니다"라고 했습니
다. 이처럼 지식의 은사를 특별히 주시는 경우가 있습니다.

> "그 신복 중의 한 사람이 이르되 우리 주 왕이여 아니로소이다 오
> 직 이스라엘 선지자 엘리사가 왕이 침실에서 하신 말씀을 이스라
> 엘의 왕에게 고하나이다 하는지라"_열왕기하 6:12

영분별의 은사

오늘날 너무나 악한 영이 우리 주변을 뒤덮고 있습니다. 겉은 천사와 같은 모습으로 있지만 그 뒤에는 사탄이 우리의 영혼을 삼키려고 우는 사자같이 우리 주위를 배회하고 있는 것입니다. 신천지나 하나님의교회 안상홍이나 여호와의증인 등 이런 이단들은 겉으로 보기에 얼마나 착하고 친절합니까? 우리가 따라가지 못할 정도로 친절합니다. 그러다 보니 처음에는 거기에 사로잡힙니다.

예를 들어 신천지는 기본적으로 최소 6개월 동안 뜸을 들입니다. 절대 처음부터 자신이 신천지라고 이야기하지 않습니다. 6개월 동안 미술을 좋아하면 같이 미술 전시회를 가고, 관심 분야에 동호회를 만들어 함께 시간을 보내면서 마음을 쏙 빼갑니다. 외롭고 힘들 때 정말 이렇게 좋은 친구가 없다는 마음이 들게 합니다. 그 누구에게도 받지 못했었던 사랑과 관심을 준 후 성경공부를 같이 하자고 합니다. 그동안 받은 것이 있기에 성경공부를 하자는 말을 거절할 수 없습니다. 그래서 함께 가서 성경공부를 하다 보니 이상한 것을 느끼게 됩니다. 그런데 그때는 나올 수 없습니다. 너무나 끈끈한 관계가 맺어졌기 때문입니다.

그래서 우리는 우리에게 다가오는 사람들을 조심해야 합니다. 기도를 많이 해서 우리를 미혹케 하려고 다가오는 사람들을 분별해야 합니다.

> "예언하는 자는 둘이나 셋이나 말하고 다른 이들은 분별할 것이
> 요" _고린도전서 14:29

> "사랑하는 자들아 영을 다 믿지 말고 오직 영들이 하나님께 속하
> 였나 분별하라 많은 거짓 선지자가 세상에 나왔음이라" _요한1서
> 4:1

한국에는 일제 강점기부터 지금까지 많은 이단이 나왔습니다. 성령의 역사를 행한다면서 악한 영이 들어가서 자꾸 사람들을 미혹했습니다. 성령에 충만했다가 악한 영이 들어가고 교만해져서 그 삶이 마귀의 앞잡이가 된 사람도 많이 생겨났습니다.

> "너희가 이같이 어리석으냐 성령으로 시작하였다가 이제는 육체로
> 마치겠느냐" _갈라디아서 3:3

우리는 잘못된 길로 가지 않도록 자신을 잘 지켜야 합니다. 그래서 교회 중심의 신앙, 예배 중심의 신앙이 중요합니다. 교회를 떠나서 자꾸 다른 곳에서 만나자고 하는 사람이 있습니다. 그렇게

해서 그곳에 가다 보면 문제가 생깁니다. 우리는 교회가 있고, 교구가 있고, 구역이 있습니다. 꼭 교회 안에서 믿음을 지키고 교회를 위해서 충성해야 합니다.

능력의 은사

고린도전서 12장에서는 능력의 은사에 대해서 다음과 같이 말씀하십니다.

> "다른 사람에게는 같은 성령으로 믿음을, 어떤 사람에게는 한 성령으로 병 고치는 은사를" _고린도전서 12:9

믿음의 은사와 병 고침의 은사가 잘 구분이 되지 않을 때가 있습니다. 조용기 목사님께서는 "내가 병 고치는 것은 하나님께서 믿음의 은사를 주셔서 고치는 것이다"라고 말씀하셨습니다. 이 믿음의 은사와 병 고치는 은사는 굉장히 깊은 연관성이 있습니다. 믿음으로 병을 고치는 것이기 때문입니다. 믿음의 은사로 병을 고치는 것인지, 병 고치는 은사로 병을 고치는 것인지는 중요하지 않습니다. 한 성령께서 그 일을 행하게 하시는 것이며, 궁극적으로 하나님께 영광을 돌리고 교회에 덕을 끼치고 성도에게 유익을 주기 위해서 하는 것입니다. 은사는 우리 자신의 자랑을 위해서 주시는 것이 아니라 하나님의 영광을 위해서 쓰도록 주신 것입니다.

믿음의 은사

성령이 역사하시는 믿음의 은사는 기적을 창조하는 믿음을 말합니다.

> "이르시되 너희 믿음이 작은 까닭이니라 진실로 너희에게 이르노니 만일 너희에게 믿음이 겨자씨 한 알 만큼만 있어도 이 산을 명하여 여기서 저기로 옮겨지라 하면 옮겨질 것이요 또 너희가 못할 것이 없으리라"_마태복음 17:20

태어나면서부터 걷지 못한 사람을 베드로가 일으킨 것이 사도행전 3장에 나옵니다.

> "그 이름을 믿으므로 그 이름이 너희가 보고 아는 이 사람을 성하게 하였나니 예수로 말미암아 난 믿음이 너희 모든 사람 앞에서 이같이 완전히 낫게 하였느니라"_사도행전 3:16

믿음의 은사는 굉장히 중요합니다. 우리가 할 수 없는 그 일을 하나님의 능력으로 행할 수 있게 하는 것이 믿음의 은사이기 때문입니다. 그래서 우리는 늘 기도해야 합니다. 우리에게 큰 믿음을 달라고, 우리가 믿음의 사람이 되어서 믿음으로 생각하고 꿈꾸고 말하고 행하여 큰 기적을 체험하게 해 달라고 기도해야 합니다.

약속의 말씀을 의지하여 믿고 간구하면 기적이 일어납니다. 우리가 믿음으로 행하지 아니하고 자꾸 인간의 의지와 생각으로 판단하기 때문에 문제가 생겨나는 것입니다. 기도를 많이 하고 주님이 주신 담대함으로 나아갈 때 하나님의 역사가 일어납니다.

코로나19가 몇 년째 이어지면서 전국에서 1만 가까이 되는 교회가 주일날 예배를 정상적으로 드리지 못했다는 보고를 받았습니다. 인간의 눈으로 볼 때는 1만 교회가 닫힌 것이지만, 하나님의 은혜 가운데 믿음으로 성령이 역사하시면 닫혔던 교회 문들이 열리고 교회가 세워지고 부흥하게 될 것입니다.

우리는 믿음의 역사로 교회를 일으켜야 합니다. 인간의 눈으로 보고 "할 수 없다. 안 된다. 끝났다"라고 말하는 것이 아니라 믿음의 눈으로 보고 믿음으로 고백하고 믿음으로 기적을 행할 때 하나님의 은혜가 임하는 것입니다.

워싱턴순복음제일교회 이규성 장로님은 결혼한 지 23년 만인 53세에 첫 아이를 얻었습니다. 결혼 후 아이가 계속 생기지 않아 병원에 가서 검사했는데 의사가 "당신은 아이를 낳을 수 없습니다. 당신의 아내는 아이를 낳을 수 있는 건강한 몸이지만, 당신에게 문제가 있어서 아이를 낳을 수 없습니다"라고 했습니다. 그래서 이규성 장로님은 포기했었습니다. 그런데 어느 날 17년 만에 아이를 낳았다는 저의 이야기를 듣고 '이영훈 목사님의 하나님은 나의 하나님이다'라는 믿음을 가지고 기도했다고 합니다. 그랬더니 하나님께서 23년 만에 귀한 딸을 주셨습니다. 하나님이 믿음의 은사를 주셔서 그 아이가 태어난 것입니다.

병 고침의 은사
교회를 섬기는 은사 가운데 병 고치는 은사가 있습니다. 초대교회 성도들에게 병 고치는 은사가 많이 나타났습니다.

"하나님이 교회 중에 몇을 세우셨으니 첫째는 사도요 둘째는 선지자요 셋째는 교사요 그 다음은 능력을 행하는 자요 그 다음은 병 고치는 은사와 서로 돕는 것과 다스리는 것과 각종 방언을 말

하는 것이라"_고린도전서 12:28

얼마나 강력하게 병 고침의 은사가 나타났던지 베드로가 지나
갈 때, 그의 그림자가 지나갈 때 병든 자가 일어나기를 사모했고,
많은 사람이 병 고침을 받았습니다. 심지어 죽은 자가 살아나기도
했습니다.

> "심지어 병든 사람을 메고 거리에 나가 침대와 요 위에 누이고 베
> 드로가 지날 때에 혹 그의 그림자라도 누구에게 덮일까 바라고"
> _사도행전 5:15

> "베드로가 사람을 다 내보내고 무릎을 꿇고 기도하고 돌이켜 시
> 체를 향하여 이르되 다비다야 일어나라 하니 그가 눈을 떠 베드
> 로를 보고 일어나 앉는지라"_사도행전 9:40

또 나면서부터 걷지 못했던 사람을 루스드라에서 걷게 한 장면
이 나옵니다.

> "큰 소리로 이르되 네 발로 바로 일어서라 하니 그 사람이 일어나
> 걷는지라"_사도행전 14:10

병 고침의 은사는 특별하게 은사를 받은 사람이 있기도 하지만, 우리 모두에게도 예수님을 믿을 때 이미 그 은혜를 주셨습니다.

> "뱀을 집어올리며 무슨 독을 마실지라도 해를 받지 아니하며 병든 사람에게 손을 얹은즉 나으리라 하시더라"_마가복음 16:18

병원이 없는 시골 산속에 아이가 당장 아파서 죽어가는데 어떻게 아이를 치료할 수 있겠습니까? 그런데 그때 그 부모가 아이에게 손을 얹고 간절히 기도하면 하나님이 그 아이를 긍휼히 여겨서 병을 고쳐주시는 것입니다.

홍콩에서 중국 지하교회지금은 가정교회라고 해서 교회가 다 지상으로 올라와 있음 지도자 스물여덟 명이 와서 훈련받을 때 말씀을 전하고 대화를 나눈 적이 있었습니다. 겉으로 볼 때 왜소하고 뭐하나 자랑할 만한 것이 없어 보이는 중국 시골 아주머니 모습이었습니다. 그런데 그분들이 다 중국에서 목회를 하는 여자 목사님이었습니다. 중국 지하교회 70%가 여자 목사님이며, 그분들이 세운 교회가 약 240개가 된다고 했습니다. 어떤 목사님은 1천 명 성도가 모이는 교회를 담임하고 있고, 또 다른 목사님은 300명 성도가 모이는 교회를 담임하고 있고, 200명이 모이는 교회를 담임하는 분도 있었습니다. 그곳에 있는 목사님들은 기본적으로 200~300명의 성도를 목회하고 있는데, 어떻게 그 시골에서 교회가 부흥했냐고 물어보니까 중국은 시골에 병원이 없기에 양귀비를 재배해서 모르핀morphine, 아편, 마약 성분을 약용으로 많이 사용한다고 합니다. 그런데 모르핀을 계속 사용하다 보면 아편 중독자가 된다는 것입니다. 그런 상황에서 예수님을 믿는 주의 종들이 찾아가서 기도하니까 병이 나았습니다. 병 고치는 은사가 일어난 것입니다. 그러다 보니 온 마을 사람들이 교회에 나와서 예수님을 믿게 되고 교회가 계속 세워진 것입니다.

능력 행함기적 의 은사

교회를 섬기는 은사 중에는 능력 행함의 은사가 있습니다.

> "어떤 사람에게는 능력 행함을, 어떤 사람에게는 예언함을, 어떤 사람에게는 영들 분별함을, 다른 사람에게는 각종 방언 말함을, 어떤 사람에게는 방언들 통역함을 주시나니" _고린도전서 12:10

사도행전에 나타난 기적들을 보면 먼저, 빌립이 예루살렘에서 가사로 내려가는 광야에서 에디오피아 여왕 간다게의 모든 국고를 맡은 관리인 내시에게 세례침례를 베풀었을 때 하나님은 그를 옮기셔서 복음을 전하게 하셨습니다. 갑자기 순간적으로 자리를 이동하게 하신 것입니다.

"둘이 물에서 올라올새 주의 영이 빌립을 이끌어간지라 내시는 기쁘게 길을 가므로 그를 다시 보지 못하니라 빌립은 아소도에 나타나 여러 성을 지나 다니며 복음을 전하고 가이사랴에 이르니라"_사도행전 8:39-40

창틀에 앉아서 사도 바울의 말씀을 듣던 유두고가 졸다가 그만 3층에서 떨어서 죽었는데 그 유두고를 살린 장면도 나옵니다.

"유두고라 하는 청년이 창에 걸터 앉아 있다가 깊이 졸더니 바울이 강론하기를 더 오래 하매 졸음을 이기지 못하여 삼 층에서 떨어지거늘 일으켜보니 죽었는지라 바울이 내려가서 그 위에 엎드려 그 몸을 안고 말하되 떠들지 말라 생명이 그에게 있다 하고 올라가 떡을 떼어 먹고 오랫동안 곧 날이 새기까지 이야기하고 떠나니라 사람들이 살아난 청년을 데리고 가서 적지 않게 위로를 받았더라"_사도행전 20:9-12

또한 독사에게 물렸으나 해를 입지 않은 사건도 나옵니다. 독사에게 물리면 독이 순식간에 퍼져서 얼마 안 되어 온몸이 새까맣게 되고 죽게 되는데 그 뱀을 떨쳐버리고 멀쩡한 것입니다. 그래서 사람들은 사도 바울이 하나님의 사람임을 인정했습니다.

> "바울이 나무 한 묶음을 거두어 불에 넣으니 뜨거움으로 말미암아 독사가 나와 그 손을 물고 있는지라 원주민들이 이 짐승이 그 손에 매달려 있음을 보고 서로 말하되 진실로 이 사람은 살인한 자로다 바다에서는 구조를 받았으나 공의가 그를 살지 못하게 함이로다 하더니 바울이 그 짐승을 불에 떨어 버리매 조금도 상함이 없더라"_사도행전 28:3-5

그리고 그 마을 사람들이 병 고침을 받고 마을 전체가 변화되고 거기에서 사도 바울이 다시 로마로 갈 배를 만들어서 띄워 보낸 장면이 나옵니다. 이러한 기적의 은사가 사도행전에는 많이 나타났습니다.

발성의 은사

발성의 은사는 언어를 통해서 나타나는 은사입니다.

예언의 은사

성경에는 예언의 은사를 사모하라고 말씀하십니다.

"사랑을 추구하며 신령한 것들을 사모하되 특별히 예언을 하려고 하라"_고린도전서 14:1

"어떤 사람에게는 능력 행함을, 어떤 사람에게는 예언함을, 어떤 사람에게는 영들 분별함을, 다른 사람에게는 각종 방언 말함을, 어떤 사람에게는 방언들 통역함을 주시나니"_고린도전서 12:10

성경이 기록되기 전까지는 많은 경우 앞으로 될 일에 대한 예언이 있었는데 성경이 기록된 후에는 이 예언의 말씀이 그 상황에 가장 적합하게 문제 해결을 위한 말씀으로 다가왔습니다. 미래에 대해서 예언하는 것이 아니라 현재 상황에 대해 하나님께서 말씀을 주셔서 그 예언의 은사를 통해서 문제를 해결하고 교회에 덕을 세우고 하나님의 축복을 체험하도록 하는 은혜가 임했습니다. 그러므로 예언은 교회에 덕을 세워야 합니다. 예언은 덕을 세우고 권면하며 위로하는 것이기 때문입니다.

"그러나 예언하는 자는 사람에게 말하여 덕을 세우며 권면하며

위로하는 것이요"_고린도전서 14:3

"너희는 다 모든 사람으로 배우게 하고 모든 사람으로 권면을 받
게 하기 위하여 하나씩 하나씩 예언할 수 있느니라"_고린도전서
14:31

예언은 권면하고 덕을 세우기 위해서, 문제를 해결하고 바로잡
기 위해서, 잘못된 사람을 바른길로 가게 하기 위해서 하는 것입
니다. 그런데 예언을 통해서 남의 문제점을 자꾸 지적하니까 믿지
않는 사람들이 와서 전체가 다 문제 있다고 보는 것입니다. 그렇기
에 예언은 믿음이 있는 두세 사람이 같이 있을 때 해야 합니다. 자
칫 잘못하면 예언한다고 하면서 교회에 분란을 일으키고 큰 혼돈
을 가지고 올 수 있기 때문입니다.

"그러나 다 예언을 하면 믿지 아니하는 자들이나 알지 못하는 자
들이 들어와서 모든 사람에게 책망을 들으며 모든 사람에게 판단
을 받고"_고린도전서 14:24

특별히 기도의 제단을 쌓는다고 하면서 예언해 준다고 하는 사
람이 있습니다. 그런 곳에는 절대로 가면 안 됩니다.

사람들이 불안하니까 점치러 가려고 합니다. 진짜 용한 점쟁이는 예수 믿는 사람이 가면 두려워하고, 예수 믿는 사람이 왜 왔냐고 하면서 그냥 가라고 합니다. 김수형 영화감독이 이렇게 말한 적이 있습니다.

"제가 날라리 집사인데 한 번은 친구를 따라서 점치러 갔었습니다. 그런데 그 점쟁이가 제가 예수 믿는 사람인 것을 알아보더라고요. '예수 믿는 사람이 왜 왔냐. 어서 가라'고 하면서 점을 봐주지도 않았습니다. 저는 믿음도 별로 없고 이름만 집사인데도 점쟁이가 겁이 났었나 봐요."

그 점쟁이는 진짜가 맞는 거 같긴 합니다. 예수 믿는 사람이 왔는데 점치고 돈 받는 사람들은 다 가짜입니다. 그리고 신앙인은 성령충만해서 귀신을 쫓아내려고 점집에 가면 모를까, 그럴 자신이 없으면 절대로 점쟁이 근처에는 가면 안 됩니다.

사도행전 16장에 보면 사도 바울이 점치는 귀신을 쫓아냈다가 빌립보 감옥에 갇히지 않았습니까? 점치는 것은 귀신이 역사해서 개인도 망하고 나라도 망합니다. 이유 여하를 막론하고 무당굿하고 점치는 곳에 가면 안 됩니다.

한 방송 프로그램에서 점치는 것에 대해 조사한다고 전국을 다니면서 취재했는데, 20~30곳을 가봐도 진짜로 알아맞히는 사람은 한두 사람밖에 없습니다. 점치는 사람 중에는 돈을 벌기 위해서 점치는 것을 배워서 하는 사람이 있고 귀신이 역사해서 점치는 사람이 있는데, 진짜 귀신이 역사하는 사람은 거의 없다고 합니다. 설사 진짜 귀신이 역사하는 곳이라고 해도 악한 영이 우리를 혼미케하고 신앙을 흔들어 놓습니다. 그러므로 흑암 세력의 유혹에 빠지지 않기 위해서 절대로 그런 곳에 가서는 안 됩니다.

방언의 은사

방언은 우리가 알지 못하는 언어로 하나님께 드리는 기도입니다.

"방언을 말하는 자는 사람에게 하지 아니하고 하나님께 하나니 이는 알아 듣는 자가 없고 영으로 비밀을 말함이라"_고린도전서 14:2

"내가 만일 방언으로 기도하면 나의 영이 기도하거니와 나의 마음은 열매를 맺지 못하리라"_고린도전서 14:14

방언기도는 영으로 하는 기도이며, 한참을 기도해도 무슨 말로 기도하는지 모르기 때문에 그때는 우리의 마음으로 같이 기도해야 합니다. 이것을 이중 기도라고 하며, 이러한 이중 기도가 하나님께 상달되는 것입니다. 우리의 마음에서 하는 기도가 올라가고, 우리의 영이 하는 기도가 올라가는 것입니다. 이중으로 기도할 때 하나님이 우리 기도 가운데 역사하시고 은혜를 베풀어 주십니다.

방언으로 깊이 기도하면 하나님께서 주의 성령이 우리를 통해서 간구하게 하십니다. 성령님이 말할 수 없는 영혼의 탄식으로 우리를 위해 간구하시고 우리를 은혜 가운데로 인도해 주십니다. 그래서 성령을 받고 방언하라고 하는 것은 우리의 기도가 깊어지기 위해서입니다. 우리가 하나님의 뜻 가운데 거하기 위해서 방언으로 기도해야 합니다.

이 방언은 믿지 않는 자들을 위한 표적이라고 말씀하십니다. 예수님을 믿지 않는 사람은 이 방언의 존재를 모릅니다. 그러나 우리는 방언을 통해서 하나님 앞에서 하나님이 우리에게 은사를 주셔서 주님 앞에 기도하게 하신다는 것을 알 수 있습니다.

> "그러므로 방언은 믿는 자들을 위하지 아니하고 믿지 아니하는 자들을 위하는 표적이나 예언은 믿지 아니하는 자들을 위하지 않고 믿는 자들을 위함이니라"_고린도전서 14:22

방언은 자기 덕을 세우는 것입니다. 성령의 말씀을 통해서 그때 그때 상황에 맞게 예언을 하는 사람은 교회에 덕을 세우는 것이고, 방언기도 하는 사람은 자기 덕을 세우는 것입니다.

"방언을 말하는 자는 자기의 덕을 세우고 예언하는 자는 교회의 덕을 세우나니"_고린도전서 14:4

방언 통역의 은사

방언 통역은 하나님의 뜻을 세우며 교회에 덕을 세웁니다.

"다 병 고치는 은사를 가진 자이겠느냐 다 방언을 말하는 자이겠느냐 다 통역하는 자이겠느냐"_고린도전서 12:30

"그런즉 형제들아 어찌할까 너희가 모일 때에 각각 찬송시도 있으며 가르치는 말씀도 있으며 계시도 있으며 방언도 있으며 통역함도 있나니 모든 것을 덕을 세우기 위하여 하라"_고린도전서 14:26

외국 성회에 가서 은사 집회를 할 때 방언이 터져 나오고 방언 통역이 나오는 것을 종종 봅니다. 방언의 은사는 자기의 덕을 세우는 것이지만, 방언 통역과 예언의 은사는 교회 덕을 세우는 것입니다. 꼭 알아야 할 것은 남에게 불안감을 주고 염려와 근심하게 하는 것은 성령의 역사가 아닙니다. 다른 사람이 어떠한 죄를 지었다고 지적하는 것은 성령의 역사가 아닙니다. 성령의 역사는 스스로 깨닫게 하고 바로 서게 하여 회개하게 하는 것이지, 다른 사람을 겁주고 두려움을 가져다주고 걱정하게 해서 더 절망에 빠지게 하지 않습니다. 그것은 절대 성령의 역사가 아닙니다. 불안과 초조, 염려, 근심, 걱정, 두려움은 마귀가 주는 것입니다. 진정한 성령의 역사는 기쁨과 평안함이 넘쳐나는 것입니다.

그러므로 우리는 "주여 내게 방언의 은사를 주셔서 나의 기도가 깊어지게 하시고 나의 깊은 기도를 통해서 주님께 더욱더 가까이 나아가게 하시고, 나의 깊은 기도를 통하여 나의 속사람이 강건하게 해 주시고, 나의 깊은 기도를 통해서 하나님과 더욱더 가까워지게 해 주시고, 하나님의 은혜와 기적과 축복이 임하게 하여 주시옵소서"라고 기도해야 합니다. 우리는 늘 깨어 기도해야 합니다. 방언기도도 많이 해야 합니다. 기도로 날마다 승리하고, 기도로 믿음이 강하여져서 하나님께서 주시는 마음에 확신과 믿음의 역사로 모든 문제가 해결되고, 기도로 기적을 행하고 하나님의 큰 축복을 받아 누려야 합니다.

1. 은사의 목적 _____

부르심을 입은 사람들에게 다 은사를 주셨다고 하셨습니다. 그래서 은사를 받은 사람들은 기쁘고 감사함으로 주님을 섬기고 교회를 섬겨야 합니다. 은사를 통해서 교회를 섬길 때, 교회에 유익을 끼칠 때, 교회를 세우기 위해서 헌신할 때 하나님은 복을 주십니다. 은사가 없는 사람이 교회를 섬긴다고 왔다 갔다 하다가는 교회를 허물어트립니다. 은사는 교회를 세우라고 주신 것입니다. 그래서 우리가 은혜를 받고 난 다음에는 우리에게 주신 은사가 무엇인지 발견해야 합니다.

2. 은사와 열매 _____

성령의 은사와 성령의 열매는 차이가 있습니다. 은사는 우리의 인격과 상관없이 하나님께 쓰임 받고 영광을 돌리기 위해서 주시는 것입니다. 은사를 외적으로 나타나는 것이라고 한다면, 열매는 내적으로 나타나는 것입니다. 성령충만의 역사로 성품이 달라질 수 있음을 보여 줍니다. 은사를 통해서는 우리의 성품이 안 바뀌지만, 열매를 통해서는 우리의 성품이 달라질 수 있습니다. 성령충만을 받으면 성령의 열매를 맺고 성품이 달라져야 합니다. 예수님을 닮은 성품으로 사랑과 희락과 화평과 오래 참음과 자비와 양선과 충성과 온유와 절제의 열매를 맺어야 합니다.

3. 계시의 은사 _____

　계시의 은사로 지혜의 은사, 지식의 은사, 영분별의 은사가 있습니다. 지혜의 은사는 지식을 잘 활용해서 가장 적합하게 결정하고 판단하는 능력을 말합니다. 지식의 은사는 초자연적인 지식입니다. 영분별의 은사는 우리를 미혹케 하려고 다가오는 사람들을 분별하는 은사입니다.

4. 능력의 은사 _____

　능력의 은사에는 기적을 창조하는 믿음을 말하는 믿음의 은사와 교회를 섬기는 은사 가운데 병 고치는 은사가 있습니다. 그리고 능력 행함기적의 은사가 있습니다. 초대교회 성도들에게 병 고치는 은사가 많이 나타났습니다. 믿음의 은사는 굉장히 중요합니다. 우리가 할 수 없는 그 일을 하나님의 능력으로 행할 수 있게 하는 것이 믿음이기 때문입니다. 그래서 우리가 늘 기도해야 합니다. 우리에게 큰 믿음을 달라고, 우리가 믿음의 사람이 되어서 믿음으로 생각하고 꿈꾸고 말하고 행하여 큰 기적을 체험하게 해 달라고 기도해야 합니다.

5. 발성의 은사

발성의 은사는 언어를 통해서 나타나는 은사입니다. 발성의 은사에는 덕을 세우고 권면하며 위로하는 예언의 은사, 우리가 알지 못하는 언어로 하나님께 드리는 기도인 방언의 은사, 방언을 통역하고 하나님의 뜻을 세우며 교회에 덕을 세우는 방언 통역의 은사가 있습니다.

Chapter 07

하나님과 나와의 관계에서의
성령의 열매

"오직 성령의 열매는 사랑과 희락과 화평과
오래 참음과 자비와 양선과 충성과 온유와 절제니
이같은 것을 금지할 법이 없느니라"
갈라디아서 5:22-23

하나님과 나와의 관계에서의
성령의 열매

　성령의 열매는 예수님의 성품입니다. 신앙생활에서 가장 큰 문제는 우리 자신에게 있습니다. 누구를 이야기할 것 없이 모든 문제의 원인이 우리 자신입니다. 우리는 문제가 생기면 다른 사람을 탓할 때가 있습니다. 그러나 그 문제는 '누구 때문'이 아닙니다. 누군가에 영향을 받는 것도 우리 자신입니다. 속상해하고 분노하고 상처받는 것도 우리 자신이고, 은혜받고 기뻐서 충성하는 것도 우리 자신이고, 시험에 들어서 한쪽 구석에 혼자 앉아서 구경만 하는 것도 우리 자신입니다.

　또한 우리에게 다가오는 문제는 예수님을 더욱더 온전히 믿고 주님 앞에 바로 서게 하고 예수님의 모습을 닮아 가게 합니다. 그래서 우리가 예수님을 믿고 성령충만하다면 많은 어려움 속에서도 우리의 속사람이 강건해지고 많은 열매를 맺어야 합니다. 사랑과 희락과 화평과 오래 참음과 자비와 양선과 충성과 온유와 절제 이 아홉 가지 열매는 기본적으로 맺어져야 합니다.

나무는 그 열매 때문에 존재가치가 있습니다. 열매 맺지 못하는 나무는 열매 맺는 과실 나무로서 의미가 없습니다.

제가 상도동에 살 때 우리 집 마당에 큰 포도나무가 있었습니다. 겨울에는 그토록 볼품없는 나무가 없습니다. 비틀어지고 구부러지고……. 그 포도나무는 겨울에 보면 아무런 쓸모가 없어 보입니다. 포도나무는 가구를 만들 수도 없습니다. 심지어 지팡이로도 쓸 수가 없습니다. 포도나무 가지는 불쏘시개로밖에 쓸 수 있는 것이 없습니다. 그런데 봄이 되면 거기에 싹이 돋고 잎이 납니다. 여름이 되면 포도 열매가 주렁주렁 달립니다. 그렇게 맺은 포도 열매는 익은 후 따서 먹으면 정말 달고 맛있습니다. 그렇습니다. 포도나무의 가치가 열매로서 인정이 되는 것입니다.

예수님을 믿는 사람은 어떻게 그 가치를 인정 받을까요? 예수님을 닮은 성품의 열매로 인정을 받습니다. 우리가 성령의 열매를 맺을 때 주변에 있는 사람들이 우리를 보고 '아, 저 사람은 하나님의 자녀구나!', '저 사람은 정말 우리가 존경하고 본받아야 할 사람이구나!'라고 생각하게 됩니다. 하나님의 자녀로서 인정받고 칭찬받는 모습으로 살게 되는 것입니다.

평생 예수님을 믿으면서도 성령의 열매 부분에 있어서 전혀 노력하지 않고 관심 없이 사는 사람들이 모든 문제를 다 안고 있습니다. 가정에서도 시끄럽고, 이웃 사람들과 부딪치고, 직장에서도 문제를 일으킵니다. 사업장에도 문제가 많이 발생합니다. 왜 그럴까요? 열매 맺는 것에 관심이 없고 소홀했기 때문입니다.

예수님을 믿고 10년 정도 지났다면 절반 정도는 예수님의 모습이 나타나야 합니다. 그런데 "저 사람이 예수 믿는 사람이 맞아?"라는 말을 들을 정도로 우리에게 예수님의 모습이 전혀 나타나지 않는다면 부끄러운 일입니다. 정말로 성령의 열매가 얼마나 중요한 것인지를 우리는 알아야 합니다. 열매를 맺는 것이 우리 삶에 있어서 얼마나 심각한 것인지 알고 이제부터는 성령충만하여 성령의 열매를 맺어야 합니다.

우리 자신이 먼저 변해야 합니다. 이러한 변화된 모습은 하루아침에 뚝딱 이루어지는 것이 아닙니다. 매일매일 변화되고 또 변화되어서 하나님의 은혜가 우리 가운데 임해야 합니다.

　교보문고에 책을 사러 간 적이 있었습니다. 책을 잔뜩 사서 기분 좋게 나오는데 배가 고파서 주변에 식사할 곳을 찾아보니 '생어거스틴'이라고 쓰여있는 식당이 있었습니다. 영어로는 'Saint Augustin세인트 어거스틴'이라고 적혀있었습니다. 그런데 Saint Augustin이면 성 어거스틴입니다. 음식점 이름을 성자 어거스틴으로 해 놓은 것입니다. '왜 생어거스틴으로 해 놨을까?'라는 생각을 하며 안으로 들어갔습니다. 그런데 메뉴를 보니 그 음식점 이름하고는 전혀 안 맞게 베트남 음식이었습니다. 저는 '성자Saint'라는 말과 '생'이라는 말이 무슨 관계가 있을까 잠시 생각했습니다.

　세인트 어거스틴Aurelius Augustinus, St. Augustinus의 어머니인 모니카Monica는 어거스틴을 위해서 굉장히 많은 기도를 했습니다. 부잣집에서 태어난 어거스틴은 열일곱 살에 집을 나가서 망나니처럼 자기 마음대로 살았습니다. 가출 후 마니교Manichaeism, 3세기에 페르시아 왕국에서 마니가 창시한 고유의 이원론적 종교라고 하는 이단에 빠졌고 결혼도 안 하고 동거해서 아기를 낳았습니다. 그러니 어거스틴의 어머니 모니카는 얼마나 마음이 아팠겠습니까? 모니카는 매일 새벽 교회에 나가서 기도했습니다. 사랑하는 아들 어거스틴이 하나님의 은혜로 돌아와서 하나님께 귀하게 쓰임 받는 아들이 되게 해 달라고 눈물로 기도했습니다. 그 교회 담임목사인 암브로스Ambrose 목사에게 "우리 아들은 가망이 없는 것입니까? 어떻게 된 것입니까? 제가 이렇게 10년이 넘게 기도했는데 우리 아들은 아무런 소식이 없습니다. 왜 변화가 일어나지 않는 것입니까?" 그러자 암브로스 목사는 "하나님의 때가 있습니다. 반드시 기도가 응답될 것입니다. 당신의 아들이 하나님의 훌륭한 일꾼이 될 것입니다"라고 말했습니다.

모니카는 계속 기도를 했습니다. 20년을 기도했습니다. 그러자 어거스틴은 아들을 데리고 집으로 돌아왔습니다. 그는 부활절에 세례침례받고, 그 삶 속에 성령의 은혜가 임하자 전환점을 맞이했습니다. 20년이 넘도록 방탕한 삶을 살았던 그가 주의 종이 되고 난 후 북아프리카 히포지금의 알제리에서 평생 살면서 『신의 도성City of God』이라는 책도 쓰고, 중세 기독교 신학의 모든 기초를 다졌습니다. 하나님이 우리를 예정하셔서 우리가 태어나기 전부터, 만세 전부터 우리가 하나님의 자녀가 되었다는 예정론을 기록했습니다. 이러한 어거스틴의 신앙을 그대로 물려받아서 종교개혁을 하고 세워진 교단이 장로교단입니다.

그리고 한 천년 정도 후에 장 칼뱅Jean Calvin이 모든 사람은 이미 예정되어 있다구원받을 사람과 구원받지 못하는 사람은 이미 예정되어 있다는 예정론豫定論, predestination을 쓴 것이 장로교 교리가 되었습니다. 그런데 이 모든 신학적 기초를 이미 다 정리해 놓은 사람이 어거스틴입니다.

한때 망나니였던 어거스틴이 마지막에는 많은 사람에게 존경과 사랑을 받으며 "어거스틴은 예수님 같은 분이야"라는 이야기를 듣게 되었습니다. 그래서 그가 천국 간 후 그의 이름 앞에 성자 즉, 세인트St.를 붙여 세인트 어거스틴이라고 부르고 있는 것입니다.

그러므로 이전에 우리가 어떻게 살았나 보다는 예수님을 믿고 성령을 받고 나서 어떻게 달라졌느냐가 중요합니다. 우리 모두에게도 기회가 있습니다. 1600년 전 망나니로 살았던 어거스틴이 성령받고 변화되어 위대한 하나님의 사람이 되었습니다. 어거스틴이 우리에게 성자로 불릴 수 있는 것은 성령의 능력이 그에게 임했을 때 성화되고 열매를 많이 맺었기 때문입니다.

갈라디아서 5장 22절에서 23절에 보면 성령의 아홉 가지 열매가 나오는데, 이 열매는 한 열매 속에 아홉 가지 열매가 들어 있는 것

입니다. 귤을 까보면 그 안에 여러 알이 박혀 있는 것처럼 성령의
열매는 한 열매 속에 아홉 가지 열매가 담겨있습니다.

사랑

그 출발점이 사랑Love입니다. 이 사랑은 우리가 말하는 사랑과
기준이 다릅니다. 아가페 사랑이며 하나님의 사랑이며 변함없는
사랑입니다.

> "소망이 우리를 부끄럽게 하지 아니함은 우리에게 주신 성령으로
> 말미암아 하나님의 사랑이 우리 마음에 부은 바 됨이니"_로마서
> 5:5

우리가 성령 안에서 첫 번째로 맺어야 할 열매는 사랑의 열매입
니다. 사랑은 세상을 변화시키는 위대한 능력을 갖추고 있습니다.
그런데 '우리가 어떠한 사랑을 하느냐?'가 문제입니다. 일반적으로
사람들은 이기적인 사랑, 자기중심적인 사랑을 합니다. 그래서 누
군가 우리에게 잘해 주면 그 사람을 잘 대해주고 사랑하는 조건
적인 사랑을 합니다. 그런데 우리에게 잘해 주던 사람에게 피해를

입거나 그가 우리를 힘들게 하면 그 사랑이 변하여 미움이 됩니다. 친구가 변하여서 원수가 됩니다.

그래서 우리는 이러한 인간적인 사랑에 머물러있지 말고 하나님이 주신 하나님의 사랑, 아가페 사랑에 머물러야 합니다. 이 사랑은 조건을 따지지 아니하고 무조건 용서하고 사랑하는 위대한 사랑입니다. 하나님의 사랑은 우리가 죄인 되었을 때 용서받을 수 없고 사랑을 받을 만한 아무런 자격이 없는 데도 일방적으로 무조건 사랑하고 용서하고 구원하신 놀라운 사랑입니다. 하나님의 사랑은 조건 없이 주는 사랑입니다.

> "사랑하는 자들아 우리가 서로 사랑하자 사랑은 하나님께 속한 것이니 사랑하는 자마다 하나님으로부터 나서 하나님을 알고 사랑하지 아니하는 자는 하나님을 알지 못하나니 이는 하나님은 사랑이심이라" _요한1서 4:7-8

우리가 진정한 사랑의 사도로 변화된다면 이 세상은 아름다워질 것이며, 이 세상의 모든 문제가 다 해결될 것입니다. 그런데 여전히 문제가 많은 것은 사랑이 우리 개인의 이기적인 것에 기준이 되어서 그렇습니다. 그리스도인의 사랑은 개인의 이기적인 사랑이 그 기준이 아니라 하나님의 사랑, 고차원적인 사랑이 기준이 되어야 합니다. 고차원적인 사랑이란 조건 없이 무조건 먼저 베푸는 사랑입니다.

> "하나님의 사랑이 우리에게 이렇게 나타난 바 되었으니 하나님이 자기의 독생자를 세상에 보내심은 그로 말미암아 우리를 살리려 하심이라 사랑은 여기 있으니 우리가 하나님을 사랑한 것이 아니요 하나님이 우리를 사랑하사 우리 죄를 속하기 위하여 화목 제물로 그 아들을 보내셨음이라 사랑하는 자들아 하나님이 이같이 우리를 사랑하셨은즉 우리도 서로 사랑하는 것이 마땅하도다" _요한1서 4:9-11

하나님의 사랑은 우리가 말하는 사랑이 아니라 그 무엇으로도 비교할 수 없는 희생적이고, 무조건적이고, 일방적인 사랑입니다. 우리 죄 때문에 당신의 아들을 십자가에 달려 죽게 하신 사랑입니다. 우리 잘못을 누군가 대신해서 벌 받는 것은 참으로 대단한 일입니다.

최근 보도된 기사에서 아들이 저지른 죄 때문에 아버지가 대신 자살한 것을 봤습니다. 정말 충격을 받았습니다. 그 아버지가 얼마나 마음이 아팠으면 그 아들이 지은 죄를 짊어지고 스스로 목숨을 끊었을까 싶었습니다. 그 아들은 한 임플란트 회사 직원이었습니다. 그 회사 자본금이 2천억 원인데 그는 2천 2백 15억 원을 횡령했습니다. 이 일이 발생하자 그의 아버지가 스스로 목숨을 끊은 것입니다. 이 얼마나 불효입니까?

아버지는 아들을 위해서 죽을 수 있습니다. 아버지이니까요. 하나님은 죄짓고 불효하고 하나님을 대적하고 떠나 하나님의 원수가 된 우리를 위해서 예수님을 십자가에 달려 죽게 하셨습니다. 모든 죄를 다 짊어지게 하셨습니다. 이것이 바로 하나님의 사랑입니다. 우리가 갚으려고 해도 도저히 갚을 수도 없는 하나님의 사랑을 받았습니다. 그로 인해 우리는 예수님을 믿고 하나님의 자녀가 되었습니다. 그런데 우리끼리 미워하고 다투고 분노하고 욕하면 되겠습니까?

모든 문제가 여기에서 출발합니다. 우리가 누구 때문에 피해를 봤다고 여기고, 그 피해 본 것에 대해서 서로 다투고 물고 뜯다 보니 상처가 커지는 것입니다. 진정한 사랑은 하나님의 사랑 안에서 조건 없이 베푸는 사랑입니다. 사랑은 대가를 기대하고 베푸는 것이 아니라 무조건 주는 것입니다. 구약 성경에 무조건 사랑을 베풀라고 했던 세 부류의 대상이 나옵니다. 첫째는 과부, 둘째는 고아, 셋째는 나그네입니다.

주위를 돌아보면 정말로 어려운 사람이 많습니다. 홀로 사는 독거어르신, 소년소녀가장, 또 2백만 다문화 가정, 미혼모, 3만 5천 탈북자가 있습니다. 탈북자들은 자유를 찾아서 한국에 왔는데 아무도 그들을 돌보지 않으니까 너무나 살기가 힘들어서 도로 북한으로 올라가기도 합니다. 오죽 힘들면 다시 북한으로 가겠습니까? 그곳에 가면 총살당해서 죽을지도 모릅니다.

우리는 그들에게 관심을 가지고 사랑으로 돌봐야 합니다. 그들이 예수님을 잘 믿게 하면 통일이 될 때 그들이 다 선교사가 될 것입니다. 우리가 그들에게 관심 없이 팔짱만 끼고 있으니까 그들이 다시 철책을 넘어 가는 것입니다. 탈북자 중에 다시 북한으로 돌아가는 사람들이 계속 늘어나고 있다고 합니다. 우리는 하나님의 사랑으로 그들을 품어 주고 바라봐야 합니다. 하나님의 사랑을 실천하고 돌봐야 합니다. 사랑은 실천입니다. 구경하는 것이 아닙니다.

땅끝마을에 배요섭 목사님과 김혜원 사모님이 운영하는 '땅끝 아름다운교회 공부방'이 있습니다. 그곳은 부모가 없거나 한부모 가정의 5~18세 어린이와 청소년 50여 명에게 학습 기회를 주려고 빈집을 구해 직접 버섯 농사를 지어 마련한 돈으로 힘들게 운영해 왔다고 합니다. 그중 열 명은 오갈 데 없어서 그곳에서 숙식하면서 지내고 있었습니다. 그런데 그 빈집이 팔리게 되면서 공부방이 문 닫을 상황으로 몰리게 되었습니다. 이 안타까운 사실을 알게 된 배우 문근영 씨가 그 주변에 급매로 나온 땅을 사서 컴퓨터실, 도서실, 놀이방, 식당, 목욕탕 등이 잘 갖춰진 아동센터를 만들어 주었습니다. 이후 그곳에서 숙식하면서 지내는 아이들이 점점 더 늘어나면서 우리 교회로 후원 요청이 왔었습니다. 그래서 우리 교회는 굿피플을 통해 땅끝마을을 품었습니다. 지금은 70~80명 정도가 지내고 있습니다. 그곳 아이들이 예수님의 사랑으로 완전히 변화되어 행복한 삶을 살고 있습니다. 배요섭 목사님과 김혜원 사모님은 정말 귀합니다. 그 아이들을 자기 아이와 똑같이 사랑하면서 키우고 있습니다. 그러다 보니 목사님의 딸과 아들도 사회복지를 전공하고 그 아이들을 함께 섬기고 있습니다. 또 그곳에서 자란 아이들이 성장하여 사회복지를 전공하고 다시 돌아와 아이들을 섬기고 있는 모습을 보았습니다.

이렇듯 사랑은 실천입니다. 그래서 우리가 복음을 전할 때 "예수 믿고 구원받으세요"라는 말만 하고 끝나는 것이 아니라 실질적인 도움과 필요를 채워 주어야 합니다. 일회성으로 한 번 돕고 끝나

는 것이 아니라 지속적으로 찾아가서 도와주고 주님 앞으로 인도
하면 하나님의 큰 은혜가 임하게 될 것입니다.

> "우리가 아직 죄인 되었을 때에 그리스도께서 우리를 위하여 죽으
> 심으로 하나님께서 우리에 대한 자기의 사랑을 확증하셨느니라"
> _로마서 5:8

우리는 이 사랑 안에 머물러 있어야 합니다. 우리 주님은 한번
우리를 사랑하시면 끝까지 사랑하십니다. 예수님께서 마지막 만찬
을 하시는 그 자리에서 제자들이 그 밤이 지나기 전에 당신을 배
반하고 다 도망갈 것을 아셨습니다. 하지만 그들을 끝까지 사랑하
시고 긍휼히 여기셨습니다.

> "유월절 전에 예수께서 자기가 세상을 떠나 아버지께로 돌아가실
> 때가 이른 줄 아시고 세상에 있는 자기 사람들을 사랑하시되 끝
> 까지 사랑하시니라" _요한복음 13:1

사람들은 사랑하다가도 싫증이 나면 바로 돌아서기도 하고, 오
해가 생기면 다투고 멀어지기도 하고, 또 자주 못 만나면 관계가
소원해지기도 하지만 우리 주님은 그렇지 않습니다. 우리가 부족

해도, 때때로 주님을 섭섭하게 해도 끝까지 우리를 사랑하시고 용서하시고 우리와 함께해 주십니다. 하나님은 사랑이시기 때문에 우리가 그 사랑에 힘입어 하나님을 사랑하고 이웃을 사랑하는 삶을 살아야 합니다.

> "하나님이 세상을 이처럼 사랑하사 독생자를 주셨으니 이는 그를 믿는 자마다 멸망하지 않고 영생을 얻게 하려 하심이라" _요한복음 3:16

하나님은 예수님을 십자가에 못 박아 죽게 하시기까지 우리를 사랑하셨습니다. 그리고 그 사랑으로 우리를 구원해 주셨습니다. 그러므로 이 놀라운 사랑, 무조건적인 사랑, 이 위대한 사랑, 변함없는 사랑에 대하여 감사와 감격하며 살아가는 주님의 자녀들이 되어야 합니다. 그 사랑에 감사하여 우리 마음을 다하고 뜻을 다하고 목숨을 다하여 우리 주님을 사랑해야 합니다. 사랑의 고백을 드려야 합니다.

마태복음 22장 37절에 "예수께서 이르시되 네 마음을 다하고 목숨을 다하고 뜻을 다하여 주 너의 하나님을 사랑하라 하셨으니"라고 기록되어 있습니다. 우리가 마음을 다하고 뜻을 다하고 목숨을 다하여 주님을 사랑해야 하고, 그다음 우리 이웃을 그렇게 사랑해야 합니다. 왜냐하면 그 사람을 위해서도 예수님이 죽으셨기 때문입니다. 그 사람도 하나님이 사랑하시기 때문입니다. 우리가 우리 기준으로 남을 사랑하고 판단하는 것이 아니라 하나님의 사랑의 기준으로 우리 이웃을 사랑해야 합니다.

> "둘째도 그와 같으니 네 이웃을 네 자신 같이 사랑하라 하셨으니"_마태복음 22:39

> "누구든지 하나님을 사랑하노라 하고 그 형제를 미워하면 이는 거짓말하는 자니 보는 바 그 형제를 사랑하지 아니하는 자는 보지 못하는 바 하나님을 사랑할 수 없느니라 우리가 이 계명을 주께 받았나니 하나님을 사랑하는 자는 또한 그 형제를 사랑할지니라"_요한1서 4:20-21

여기에서 형제는 구원받은 형제자매를 말합니다. 우리가 예수님을 믿고 난 다음 어떤 경우에도 믿는 사람들끼리 다투고 싸우고 나누어지면 안 됩니다. 왜냐하면 우리는 주님 안에서 다 형제자매이기 때문입니다. 형제자매들끼리는 때로 다투기도 하지만 금방 잊어버리고 서로가 사랑하고 도와줍니다. 잠시 잠깐 섭섭한 것이 있고 오해가 있어도 금방 풀어집니다. 더군다나 우리는 하나님의 사랑에 의해서 구원받은 주님의 형제자매이기 때문에 더욱더 온 마음을 다해 사랑하고 섬기며 살아야 합니다. 그 기준은 주님이 말씀하셨습니다. '내 몸처럼', '내가 나를 아끼고 사랑하는 것처럼' 사랑하고 섬겨야 합니다.

소아마비 장애로 불편을 겪고 있음에도 불구하고 장애인을 섬기며 살아가는 귀한 분이 있습니다. 임마누엘집의 원장인 김경식 목사님입니다. 김경식 목사님은 세 살 때 열병으로 소아마비를 앓아서 기어 다녀야 했습니다. 두 손과 두 발에 신발을 신고 기어 다녔습니다. 아버지는 이 때문에 화병으로 돌아가시고, 동네 사람들은 어머니에게 아이를 바닷물에 던져버리라고 말했습니다. 누나들도 사람들이 손가락질하고 멸시하니까 "차라리 죽어버려라"는 모진 말로 동생을 핍박했습니다. 그러나 그 집에서 유일하게 예수님을 믿던 어머니는 끝까지 아들을 품고 기도하면서 이렇게 권면했습니다.

"나는 너를 사랑한단다. 너는 하나님이 택한 사람이고 이 세상에서 가장 쓸모 있는 사람이란다. 너는 다른 사람들에게 베푸는 사람이 될 거야. 장애는 살아가는데 조금 불편할 뿐이야. 네 안에 예수님이 거하시기 때문에 넌 축복받은 사람이야. 멸시와 천대를 받을지라도 조금도 낙심하거나 좌절하지 말아라."

그리고 이 어머니가 아들을 위해서 간절히 눈물로 기도하고, 또 기도하고, 기도했더니 하나님께서 기도를 들어주셨습니다. 한쪽 다리를 쓸 수 있게 되더니 그다음에 목발을 짚고 걸어 다닐 수 있게 되었습니다. 고등학교를 졸업하고 기술을 배워 전자 대리점을 하면서 돈도 많이 벌게 되었습니다.

그런데 친구에게 빌려준 돈을 받으러 갔다가 그만 도박하는 자리에서 도박에 빠지게 되었습니다. 전 재산 다 날리고 교도소까지 들어가게 되었습니다. 교도소에서 나온 후에는 구걸하며 살아가는 거지 신세가 되었습니다. 하지만 그 절망적인 자리에서 주님께서 주시는 깨달음을 얻게 되었습니다. 그 김경식 목사님이 이런 이야기를 했습니다.

"제가 그런 신세가 되니까 저 같은 사람들이 눈에 들어오기 시작하더라고요. 걸인들과 장애인들을 보면서 하나님께 서원했습니다. '하나님이 기회를 주신다면 저들을 보살피며 살겠습니다.' 그래서 저는 1983년에 도봉산 안골부락 천막집에서 장애인 열 명과 임마누엘 공동체를 시작했습니다."

김경식 목사님은 껌팔이 행상으로 간신히 모은 돈 100만 원을 가지고 도봉산자락에 오갈 데 없는 장애인 열 명과 함께 공동체 생활을 시작했습니다. 그들을 먹이기 위해서 길에서 볼펜과 양말과 껌을 팔고, 기독교 서적 외판원으로 일하면서 열심히 돈을 벌어서 섬기고 있습니다. 별별 수모와 모욕을 당하면서도 목발을 짚고 이것저것 팔 물건을 들고 다니면서 열심히 모금해서 그들을 보살피고, 신학교에 들어가 공부를 마치고 목사가 되었습니다.

이렇게 장애를 가진 사람이 장애를 가진 다른 사람들을 섬긴다는 소문이 계속 퍼져나가자, KBS 방송국에서 이 이야기를 특별 취재해서 보도하고 난 후에 전국에서 김경식 목사님을 초청했습니다. 김경식 목사님은 집회에서 강의도 하고 설교도 하고 책도 써서 인세를 받게 되었습니다. 그리고 그 돈을 다 모아서 1990년 송파구에 땅을 사서 임마누엘집을 지었습니다. 1993년 자신도 소아마비 장애인이면서도 더 어려운 장애인들을 위해 헌신한 공로로 최연소로 국민훈장 동백상도 받게 되었습니다. 현재 임마누엘집은 두 개의 법인과 산하 열한 개 장애인 시설을 운영하면서 약 1,000명의 장애인을 섬기고 있습니다.

임마누엘집의 원훈은 다음과 같습니다. "지극히 작은 자 하나에게 한 것이 곧 내게 한 것이니라" 마 25:40 이 말씀대로 주변의 더 어려운 이웃들을 돕고 있는 귀한 김경식 목사님은 고백합니다.

"사역하면서 가장 기쁜 일은 중증 장애가 있는 사람들에게 예수 그리스도를 소개했을때 그 사람들이 예수 그리스도를 만나 용기를 얻고 삶의 기쁨과 소망을 얻게 된 것입니다. 하나님께서 제게

두 목발로 걸을 수 있도록 건강한 두 팔을 주신 것에 감사하며, 앞으로도 주님이 부르시는 그날까지 제가 받은 은혜, 그 체험을 장애인은 물론 지역사회와 도움이 필요한 사람들에게 나누고, 그들에게 위로와 힘이 되고 싶습니다."

우리 교회에도 장애인 대교구가 있어서 장애를 가진 사람이 신앙생활하고 있습니다. 우리는 그들을 더욱 사랑으로 섬겨야 합니다. 우리가 이렇게 온몸이 건강하고 멀쩡하면서 우리보다 어려운 사람을 돕지 아니하고 우리 자신만을 위해 산다면 성숙한 신앙인이 아닙니다. 이제부터는 고개를 이웃으로 돌려서 우리보다 어렵고 힘든 사람을 돕고, 그들을 위해서 기도해 주고, 그들이 절망할 때 위로하고 격려하는 신앙의 본을 보여야 합니다. 우리가 사랑이 충만하여서 그 사랑을 실천하며 살아야 합니다. 말뿐이 아닌 행동으로 사랑을 보여줘야 합니다.

희락

성령충만한 모습에 기본은 희락기쁨. Joy입니다. 우리는 날마다 기뻐야 합니다. 매일 화난 모습을 하고 다닌다면 그것은 뭔가 문제가 있는 것입니다.

> "주 안에서 항상 기뻐하라 내가 다시 말하노니 기뻐하라"_빌립보
> 서 4:4

감옥에 있는 사도 바울이 감옥 밖에 있는 빌립보 교회 교인들에게 "기뻐하십시오. 내가 다시 강조하는데 기뻐하십시오"라고 말합니다. 자신을 볼 때 마음에 넘쳐나는 기쁨이 없다면 그것은 지금 성령충만하지 못한 것이고 신앙에 문제가 있는 것입니다.

> "또 여호와야웨를 기뻐하라 그가 네 마음의 소원을 네게 이루어
> 주시리로다"_시편 37:4

우리의 소원은 주 안에서 기뻐할 때 이루어집니다. 영어 성경에서는 "Delight yourself in the LORD"라고 했습니다. 주님 안에서 기뻐하라. 주 안에서 기뻐하면 주님이 주시는 기쁨으로 인해서 우리 마음의 소원이 이루어진다는 것입니다.

다윗이 죄를 범했을 때 제일 먼저 그 마음속에 다가왔던 고통이 구원의 기쁨이 사라진 것입니다. 그래서 다윗은 다음과 같은

고백을 합니다.

> "주의 구원의 즐거움을 내게 회복시켜 주시고 자원하는 심령을
> 주사 나를 붙드소서" _시편 51:12

다윗은 "내게 기쁨을 회복시켜 주시옵소서"라고 말했습니다. 그래서 우리가 죄짓고 불의하고 방탕했을 때 주님 앞에 나와서 회개하고 기쁨을 회복해야 합니다. 주님을 섬기는 사람들의 기본적인 자세는 기쁨입니다.

「CBS 새롭게 하소서」에 출연한 이샘물 선교사님이 아이에 대해 간증을 하는 것을 듣고 굉장히 눈물을 흘렸습니다. 이샘물 선교사님은 중앙아시아에서 힘든 선교사의 사역을 감당하고 있습니다. 선교사님에게는 두 자녀가 있는데, 딸 한별이는 무척이나 예쁩니다. 그리고 아들 예준이는 정말 잘생겼습니다. 그런데 어느 날부터 아이들의 몸에 이상이 생겼습니다. 병명은 알 수도 없었습니다. 그래서 큰 병원에서 진찰받고 난치병에 걸린 것을 알게 되었습니다. 예전에는 병명도 몰랐는데 지금은 미토콘드리아 근병증mitochondrial myopathy이라는 병으로 세포가 점점 다 죽는 병입니다. 큰 병원에서 내린 결론은 아이가 죽게 된다는 것입니다.

그 선교사님의 심정이 어떻겠습니까? '저희 부부는 선교사로서 기쁨으로 이곳 이슬람권에 와서 복음을 전한 것밖에 없는데, 우리 아이 둘이 다 죽게 되었으니 어떻게 된 것입니까?' 하나님께 날마다 기도하며 고통 속에서도 선교했는데, 딸 한별이가 세상을 떠났습니다. 그리고 예준이는 15년째 누워있습니다.

하나님께서 예준이의 생명을 계속 연장해 주시는데 예준이를 보면서 엄마인 선교사님이 이길 수 있는 힘은 예준이가 늘 웃는 것입니다. 예준이의 고통이 얼마나 심하겠습니까? 꼼짝없이 누워서 먹여 주는 것을 먹어야 하고, 말도 할 수 없는데 얼마나 답답하겠습니까? 예준이와 의사소통은 눈썹을 움직이고 눈을 깜박거리는 것으로 한다고 합니다. 그런데도 예준이는 늘 웃는다고 합니다. 이러한 아들이 웃는 모습을 보면서 힘을 얻고, 지금도 눈물로 기도하면서 자신에게 주신 사명은 장애를 갖고 고통당하는 사람들과 아이들을 돌보는 것이라고 합니다. 장애가 있는 아이 중 버려진 아이가 많다고 합니다. 선교사님 부부는 그런 아이들을 데려다가 돌보는 사역을 한다고 합니다. 그런데 그 힘들고 고통스러운 시간을 보내는 선교사님 부부는 아들 예준이가 웃는 모습을 보면서 버티는 것입니다.

저는 이샘물 선교사님의 간증을 들으면서 얼마나 울었는지 모릅니다. 그 어렵고 힘든 가운데서도 감사할 것을 찾으니까 감사할 수 있는 것입니다. 아들의 미소를 통해서 절대 감사, 고통 가운데서도 감사할 수 있는 것입니다. 이 또한 성령님이 주시는 희락입니다.

성령충만할 때 우리에게 임하는 것이 희락 즉, 기쁨입니다. 성령 충만한 사람에게는 주님이 주시는 기쁨이 넘쳐납니다. 기쁨은 긍정적인 신앙의 열매입니다. 기쁨은 모든 문제와 어려움을 초월합니다. 사도 바울이 데살로니가전서 5장 16절에서 "항상 기뻐하라"고 권면합니다. 힘들어도, 어려워도, 오해받고 속상해도, 상처를 입어도 "기뻐하라"고 말합니다. 사도 바울이 감옥에서 에베소서, 빌립보서, 골로새서, 빌레몬서 이 네 편의 서신을 썼습니다. 그중 빌립보 교회에 보낸 빌립보서 4장 4절에 "주 안에서 항상 기뻐하라 내가 다시 말하노니 기뻐하라"고 말씀합니다.

옥중에 있는 사도 바울이 밖에 있는 사람에게 이렇게 권면하는 것입니다. 사실 밖에 있는 사람이 옥에 갇힌 사도 바울에게 "얼마나 고생하십니까? 주님 안에서 위로함을 받고 기뻐하세요"라고 해야 하는데 뭔가 바뀐 것 같습니다. 옥 안에 있는 사람이 옥 밖에 있는 성도들에게 "주 안에서 항상 기뻐하라 내가 다시 말하노니 기뻐하라"고 합니다. 이러한 기쁨이 우리에게 넘쳐나길 원합니다. 어려움을 당해도, 문제를 만나도, 고난 가운데서도 기뻐하며 살기 원합니다.

"내가 이것을 너희에게 이름은 내 기쁨이 너희 안에 있어 너희 기쁨을 충만하게 하려 함이라"_요한복음 15:11

주의 복음이 증거되는 곳마다 하나님의 놀라운 은혜가 임해서 기쁨이 넘쳐나게 됩니다. 빌립 집사가 사마리아 성에 가서 복음을 전할 때 그 성에 기쁨이 넘쳤다고 사도행전은 말씀하고 있습니다.

"그 성에 큰 기쁨이 있더라"_사도행전 8:8

우리에게 이 기쁨이 충만하길 원합니다. 문제를 만나도, 어려움을 당해도, 억울한 일을 당해도 기뻐할 수 있길 원합니다. 예수님께서 떠나신다고 하자 제자들의 마음에 근심이 가득했습니다. 그때 예수님께서 이렇게 말씀하셨습니다.

"지금은 너희가 근심하나 내가 다시 너희를 보리니 너희 마음이 기쁠 것이요 너희 기쁨을 빼앗을 자가 없으리라"_요한복음 16:22

주님은 우리 기쁨을 "빼앗을 자가 없으리라"고 말씀하셨습니다.

우리가 예수님을 믿을 때 믿지 않는 가족이 우리를 핍박하고, 믿지 않는 동료가 많은 어려움을 준다고 할지라도 우리는 기뻐하고 즐거워해야 합니다. 왜냐하면 하늘나라에 상급이 크기 때문입니다.

> "나로 말미암아 너희를 욕하고 박해하고 거짓으로 너희를 거슬러 모든 악한 말을 할 때에는 너희에게 복이 있나니 기뻐하고 즐거워하라 하늘에서 너희의 상이 큼이라 너희 전에 있던 선지자들도 이같이 박해하였느니라" _마태복음 5:11-12

미국 뉴욕 브루클린 태버내클 교회Brooklyn Tabernacle Church 짐 심발라James Cymbala 목사님의 말씀입니다.

"행복은 상황에 따라 변하는 신기루이지만 기쁨은 다르다. 우리는 행복하지 않아도 기뻐할 수 있다. 갈라디아서 5장 22절에서 23절에 의하면, 기쁨은 성령으로부터 온다. 성령은 행복의 덧없음을 아시고 성령을 통해 상황을 초월하는 초자연적인 기쁨을 누리게 하신다. 바울은 하나님 나라가 오직 성령 안에 있는 의와 평강과 희락롬 14:17이라고 말한다. 기쁨은 예수 그리스도를 좇는 제자의 특징이다."

주님 안에서 기뻐하고 감사하면 하나님의 은혜와 축복과 응답이 다가오는 것입니다.

> "항상 기뻐하라 쉬지 말고 기도하라 범사에 감사하라 이것이 그리
> 스도 예수 안에서 너희를 향하신 하나님의 뜻이니라" _데살로니
> 가전서 5:16-18

화평

기쁨이 넘쳐날 때 마음에 화평_{평화, Peace}이 있습니다. 평화가 있
는 것입니다.

> "평안을 너희에게 끼치노니 곧 나의 평안을 너희에게 주노라 내
> 가 너희에게 주는 것은 세상이 주는 것과 같지 아니하니라 너희는
> 마음에 근심하지도 말고 두려워하지도 말라" _요한복음 14:27

어떤 상황 속에서도 마음에 평안을 유지하라는 말씀입니다. 그
래서 이 평안함이 우리에게 있을 때 모든 두려움을 물리치고 승리
할 수 있는 것입니다. 두려워서 숨어있던 제자들에게 예수님이 나
타나셔서 평안이 그들에게 있으라고 말씀하신 것입니다.

"이 날 곧 안식 후 첫날 저녁 때에 제자들이 유대인들을 두려워하여 모인 곳의 문들을 닫았더니 예수께서 오사 가운데 서서 이르시되 너희에게 평강이 있을지어다" _요한복음 20:19

화평은 히브리어로 샬롬ַׁשָׁלוֹם이며, 영어로는 피스peace입니다. 그런데 한국어 성경에는 이 샬롬을 네 단어로 번역했습니다. 평화, 평안, 평강, 화평으로 번역했습니다. 요한복음에는 평강이라는 말을 썼고, 평안이라는 말도 사용했습니다.

"아무 것도 염려하지 말고 다만 모든 일에 기도와 간구로, 너희 구할 것을 감사함으로 하나님께 아뢰라 그리하면 모든 지각에 뛰어난 하나님의 평강이 그리스도 예수 안에서 너희 마음과 생각을 지키시리라" _빌립보서 4:6-7

마음에 평안함이 임하면 우리에게 어떤 문제가 다가와도, 어떤 어려움이 닥쳐도 다 넉넉히 이길 수 있습니다. 마음에 평안이 임해서 주님이 주신 모든 축복을 누리며 위대한 승리자로 살아가게 됩니다.

그리고 진정한 평화는 우리 하나님만이 주실 수 있습니다. 이 평안은 그 누구도 빼앗아 갈 수 없는 평안입니다.

"평안을 너희에게 끼치노니 곧 나의 평안을 너희에게 주노라 내가 너희에게 주는 것은 세상이 주는 것과 같지 아니하니라 너희는 마음에 근심하지도 말고 두려워하지도 말라"_요한복음 14:27

주님이 주시는 평화는 마음 깊은 곳에서 자리 잡은 평안함입니다. 환난의 풍파가 몰아닥치고, 문제와 어려움이 다가와도 절대 요동하지 않는 평안함입니다. 깊은 바다는 동요하는 법이 없습니다. 바닷가는 출렁거리지만, 깊은 바다는 늘 고요합니다. 그러므로 우리는 깊은 바다의 신앙을 가져야 합니다. 깊은 바다의 신앙으로 마음 깊은 곳으로부터 평안함이 넘쳐나야 합니다. 예수님이 십자가에 달려 돌아가신 후 두려워 떨며 숨어있던 제자들에게 나타나셨습니다. 부활의 날 저들에게 나타나셔서 "평강이 있을지어다"라고 말씀하십니다.

"이 날 곧 안식 후 첫날 저녁 때에 제자들이 유대인들을 두려워하여 모인 곳의 문들을 닫았더니 예수께서 오사 가운데 서서 이르시되 너희에게 평강이 있을지어다"_요한복음 20:19

주님이 주시는 평안함은 극한 절망에서도 낙심하거나 슬퍼하지 아니하고 주님 주시는 은혜로 그것을 이겨내는 평안함입니다. 이 평강이 우리 마음 가운데 넘쳐나야 합니다.

　찬송가 413장 「내 평생에 가는 길」을 작사한 호레이쇼 스패포드Horatio. G. Spafford의 간증입니다. 그는 시카고의 저명한 변호사이자 법리학 교수요, 신학교 이사이면서 운영 위원이었고, 무엇보다도 무디Dwight Lyman Moody를 도와서 교회를 열심히 섬기는 주님의 일꾼이었습니다. 그런데 1871년 시카고에 대화재가 나서 교회가 다 불타게 되고 그의 큰 저택도 잿더미가 되었습니다. 그러나 그는 낙심하지 않고 주님만 바라보았습니다. 오히려 자기 집이 불탄 것보다 교회가 불탄 것을 걱정해서 교회를 재건하는 일에 앞장서서 헌신했습니다.

　그의 아내 안나 스패포드Anna Spafford는 몸이 약해져 휴식이 필요했습니다. 그래서 그의 네 딸과 함께 영국에 잠깐 가서 쉬고 오도록 했습니다. 원래 같이 가려고 했는데 호레이쇼 스패포드는 처리할 일이 많아서 아내와 자녀들을 먼저 떠나보내고 다음에 따라가려고 했습니다. 그런데 아내와 자녀들이 타고 간 배가 대서양을 항해하던 중 1873년 11월 15일 새벽 2시, 영국 범선과 충돌해서 가라앉습니다. 그 사고로 226명의 승객이 목숨을 잃습니다. 의식을 잃은 안나 스패포드는 구조원에 의해서 구조되었지만 네 딸은 이미 모두 목숨을 잃었고 다시는 그 딸들을 볼 수 없게 되었습니다. 영국 웨일즈에 도착한 안나 스패포드는 남편인 호레이쇼 스패포드에게 전보를 보냅니다.

'혼자 살아남았음'

이 전보를 받은 호레이쇼 스패포드 너무나 마음이 아팠습니다. 사랑하는 네 딸을 한꺼번에 잃었기 때문이었습니다. 그러나 이 비보를 듣고 달려온 친구들에게 그는 말합니다.

"내게 어떤 희생이 닥쳐와도 주님을 의지하게 되어 매우 기쁩니다."

호레이쇼 스패포드에게는 주님의 평안함이 있었습니다. 그가 부인을 데리러 배를 타고 영국으로 가는데, 선장이 어느 지점을 지날 때 그에게 다와서 말합니다.

"이곳이 배가 충돌해서 가라앉은 지점입니다."

그의 마음이 무너져내렸습니다. 선실로 돌아와서 눈물로 기도했습니다.

"주님, 왜 이런 고통을 주십니까?"

밤새 눈물로 기도하고 새벽 동이 터오는데 성경 말씀이 그의 마음 가운데 떠올랐습니다.

"너는 달려가서 그를 맞아 이르기를 너는 평안하냐 네 남편이 평

안하냐 아이가 평안하냐 하라 하였더니 여인이 대답하되 평안하
다 하고"_열왕기하 4:26

성경 속 여인도 자기 아이가 죽었습니다. 그런데도 평안하냐고
물었을 때 "평안합니다"라고 대답했습니다. 호레이쇼 스패포드는
이 말씀이 큰 위로가 되어서 그 자리에서 무릎을 꿇고 찬송가 가
사를 적어 내려갔습니다.

'내 평생에 가는 길 순탄하여 늘 잔잔한 강 같든지 큰 풍파
로 무섭고 어렵든지 나의 영혼은 늘 편하다'

파도가 치며 달려드는 모습을 보면서 2절 가사를 작사했습니다.

'저 마귀는 우리를 삼키려고 입 벌리고 달려와도 주 예수
는 우리의 대장 되니 끝내 싸워서 이기리라'

또 자기 자신을 바라보니 주님 앞에 죄짓고 부끄러운 모습이라
그 고백을 담아 3절을 작사했습니다.

'내 지은 죄 주홍빛 같더라도 주 예수께 다 아뢰면 그 십자

가 피로써 다 씻으사 흰 눈보다 더 정하리라'

그는 하늘을 바라보니 뭉게구름이 피어있는데 천국에 가 있는 딸들이 손을 흔드는 것 같았습니다. 그래서 그 모습을 통해 4절을 작사했습니다.

'저 공중에 구름이 일어나며 큰 나팔이 울릴 때에 주 오셔서 세상을 심판해도 나의 영혼은 겁 없으리 내 영혼 평안해 내 영혼 내 영혼 평안해'

호레이쇼 스패포드는 그 이후 다시 얻은 두 자녀와 함께 이스라엘에 건너가서 평생 고아와 가난한 사람들을 돌보며 섬기는 삶을 살았습니다.

어떤 시련이 다가와도 어떤 문제와 어려움과 고통이 다가온다고 할지라도 주님 주시는 평안함으로 모든 어려움을 넉넉히 이기고, 주님께서 맡긴 사명을 잘 감당하고 하나님께 영광 돌려야 합니다.

1. 사랑 ⎯⎯⎯⎯

그리스도인의 사랑Love은 우리 개인이 그 이기적인 사랑의 기준이 아니라 하나님의 사랑, 고차원적인 사랑이 기준이 되어야 합니다. 고차원적인 사랑이란 조건 없이 무조건 먼저 베푸는 사랑입니다. 하나님의 사랑은 우리가 말하는 사랑이 아니라 그 무엇으로도 비교할 수 없는 희생적이고, 무조건적이고, 일방적인 사랑입니다. 우리 죄 때문에 당신의 아들을 십자가에 달려 죽게 하신 사랑입니다.

2. 희락 ⎯⎯⎯⎯

성령충만할 때 우리에게 임하는 것이 희락Joy 즉, 기쁨입니다. 성령충만한 사람에게는 주님이 주시는 기쁨이 넘쳐납니다. 기쁨은 긍정적인 신앙의 열매입니다. 기쁨은 모든 문제와 어려움을 초월합니다. 우리의 소원은 주 안에서 기뻐할 때 이루어집니다. 영어 성경에서는 "Delight yourself in the LORD"라고 했습니다. 주님 안에서 기뻐하라. 주 안에서 기뻐하면 주님이 주시는 기쁨으로 인해서 우리 마음의 소원이 이루어진다는 것입니다.

3. 화평 _____

기쁨이 넘쳐날 때 마음에 화평Peace이 있습니다. 평화가 있는 것입니다. 마음에 평안함이 임하면 어떤 문제가 다가와도, 어떤 어려움이 닥쳐도 넉넉히 이길 수 있습니다. 마음에 평안함이 임해서 주님이 주신 모든 축복을 누리며 위대한 승리자로 살아가게 됩니다. 주님이 주시는 평안함은 극한 절망에서도 낙심하거나 슬퍼하지 아니하고 주님 주시는 은혜로 그것을 이겨내는 평안함입니다.

Chapter 08

나와 이웃과의 관계에서의
성령의 열매

"오직 성령의 열매는 사랑과 희락과 화평과
오래 참음과 자비와 양선과 충성과 온유와 절제니
이같은 것을 금지할 법이 없느니라"

갈라디아서 5:22-23

나와 이웃과의 관계에서의
성령의 열매

오래 참음

'오래 참음Patience'은 성령의 첫 번째 열매인 '사랑' 안에 포함된 가장 중요한 열매입니다. 물론 사랑 안에 희락이 있고 화평이 있고 오래 참음이 있습니다. 그런데 오래 참음은 사랑의 근본적인 내용 가운데 하나입니다.

"사랑은 오래 참고 사랑은 온유하며 시기하지 아니하며 사랑은 자랑하지 아니하며 교만하지 아니하며 … 모든 것을 참으며 모든 것을 믿으며 모든 것을 바라며 모든 것을 견디느니라"_고린

도전서 13:4, 7

"사랑은 오래 참고"라고 말씀합니다. 사랑의 첫 출발이 오래 참는 것입니다. 오래 참는 것이 잘 안 되는 이유는 자신을 잘 다스리지 못하고 급하기 때문입니다. 우리 민족성이 좀 급한 성격 같습니다. 우리의 K팝K-pop이 전 세계를 휩쓸었지만, 그전에 전 세계를 점령한 단어가 있습니다. 바로 '빨리빨리'입니다. 외국인이 다른 말은 못 알아들어도 '빨리빨리'는 알아듣습니다.

이탈리아 사람들은 식당에 가면 기본 서너 시간은 식사를 합니다. 느긋하게 즐기면서 음식을 천천히 먹습니다. 그런데 한국 관광객은 식당에 들어서면 앉자마자 "빨리빨리"라고 말하고, 음식이 나오면 후다닥 먹고 나갑니다. 그래서 한국 사람을 향해 "원더플wonderful"이라고 하고 손뼉을 칩니다. 왜 손뼉을 칠까요? 이탈리아 사람 한 팀을 받을 때 한국 사람은 네다섯 팀을 받을 수 있기 때문입니다. 테이블 회전을 높일 수 있는 것입니다. 이러한 것이 안 통하는 나라가 딱 한 곳 있습니다. 아프리카 케냐는 '빨리빨리'가 '천천히 천천히폴레 폴레'라는 뜻이기 때문입니다. 케냐에서 '빨리빨리'라고 하면 더 천천히 나옵니다.

급해서 좋은 것은 아무것도 없습니다. 한 번 더 생각하고 말을 하고, 한 번 더 생각하고 행동하고, 한 번 더 모든 것을 잘 점검하고 판단한 후 일해야 하는데 먼저 말을 쏟아내고 행동하기 때문에 주워 담지 못해 많은 문제가 생겨납니다. 그래서 말이 많은 것보다 말이 없는 것이 낫고, 급한 성격보다 느긋하고 신중한 성격이 실수하지 않습니다.

> "내 사랑하는 형제들아 너희가 알지니 사람마다 듣기는 속히 하고 말하기는 더디 하며 성내기도 더디 하라 사람이 성내는 것이 하나님의 의를 이루지 못함이라" _야고보서 1:19-20

이 말씀이 자신의 이야기라는 생각이 든다면 하나님의 말씀을 어기고 있었던 것입니다. 급해서 실수하고, 급해서 말을 함부로 쏟아내 다른 사람에게 상처를 주었던 것입니다. 차라리 하지 않았으면 좋았을 것을 감정이 욱해서 막 쏟아내는 것입니다. 그런데 요즘은 스마트폰에 녹음 기능이 있어서 보통 말할 때는 가만히 있다가 상대방이 막말을 쏟아내면 녹음을 하고 나중에 들이밉니다. 그렇게 자신이 한 말로 인해서 어려움을 당하게 되는 경우가 많습니다. 우리는 언어를 잘 정제해야 합니다.

성경은 주님이 오실 때를 바라보면서 잘 참으라고 하셨습니다.

"그러므로 형제들아 주께서 강림하시기까지 길이 참으라 보라 농부가 땅에서 나는 귀한 열매를 바라고 길이 참아 이른 비와 늦은 비를 기다리나니 너희도 길이 참고 마음을 굳건하게 하라 주의 강림이 가까우니라 형제들아 서로 원망하지 말라 그리하여야 심판을 면하리라 보라 심판주가 문 밖에 서 계시니라 형제들아 주의 이름으로 말한 선지자들을 고난과 오래 참음의 본으로 삼으라 보라 인내하는 자를 우리가 복되다 하나니 너희가 욥의 인내를 들었고 주께서 주신 결말을 보았거니와 주는 가장 자비하시고 긍휼히 여기시는 이시니라"_야고보서 5:7-11

농사를 짓는 사람들이 씨를 뿌리면 수확할 때까지 인내하면서 그 밭과 논을 잘 일구며 관리해야 결실을 얻을 수 있습니다. 과일나무를 심자마자 바로 열매가 맺히는 것이 아닙니다. 사과나무를 심어서 열매를 거두려면 최소 5년은 기다려야 합니다. 과일 나무를 심자마자 열매가 안 열린다고 뽑아 버린다면 살아남을 나무가 하나도 없습니다.

모든 것이 다 때가 있습니다. 그래서 우리가 기도로 많이 심고 말씀으로 무장해서 하나님이 우리를 어떻게 인도하시는지 기대하며 하나님이 인도하시는 대로 살아가면 반드시 좋은 일이 일어납니다. 우리의 삶이 형통하고 성공하고 행복하게 될 것입니다. 꿈꾸고 믿고 선포하고 바라보고 나간다면 그 꿈은 우리의 인내와 함께 결실을 맺을 수 있습니다. 절대로 급하다고 막 처리해서는 되는 일이 없습니다. 듣기는 속히 하고 다 듣되, 말하는 것은 절제해서 상대방의 말을 다 듣고 가급적 말을 아끼는 것이 좋습니다. 듣자마자 다 대답하니까 실수가 자꾸 나옵니다. 상담학 이론의 첫 번째는 '잘 경청하는 것'입니다. 상담자가 내담자의 말을 잘 듣지 않고 자신이 말을 많이 해버린다면 그것은 상담자로서의 기본이 안 된 사람입니다. 가장 중요한 경청하는 것을 배워서 석박사 학위를 받는 것입니다.

'오래 참음'은 화가 나는 것을 막 눌러서 억지로 참는 그런 참음이 아닙니다. 주님께서 모든 것이 합력하여 선을 이루게 해 주실 것을 믿고 그 믿음으로 참고 견디는 것을 말씀합니다. 여유로운 마음과 관용의 마음을 가지고 우리가 처한 문제에 대해서 분노하거나 흥분하고 요동하는 것이 아니라 주님께 모든 것을 맡기고 주님의 때를 기다리는 모습이 성경에서 말씀하는 오래 참음입니다. 하나님께서 반드시 모든 것을 합력해서 선을 이루실 것을 믿을 때, 하나님께서 하나님의 때에 모든 것을 아름답게 만들어 주시고 은혜를 베풀어 주시는 것입니다.

'사랑장'으로 불리는 고린도전서 13장을 보면 사랑의 정의를 열다섯 가지를 말씀하고 있습니다. 그런데 열다섯 가지 내용 가운데 네 가지가 오래 참음과 연관이 있습니다. 첫 출발이 사랑은 '오래 참고', '성내지 아니하며', '모든 것을 참으며', '모든 것을 견디느니라'고 말씀하고 있습니다. 주님의 사랑이 충만하면 어떤 시련도 잘 참고 견딜 수가 있고, 사소한 일에 성내지 않을 수 있고, 환난과 핍박을 잘 견디고 이겨낼 수 있습니다.

그리고 성경은 "우리가 화를 내는 것이 하나님의 의를 이루지 못한다"라고 말씀하십니다.

"내 사랑하는 형제들아 너희가 알지니 사람마다 듣기는 속히 하고 말하기는 더디 하며 성내기도 더디 하라 사람이 성내는 것이 하나님의 의를 이루지 못함이라"_야고보서 1:19-20

이 말씀은 우리가 우리의 감정을 잘 다스리지 못해서 아무 때나 화를 내고 소리 질러서 하나님의 영광을 가리게 된다는 것입니다. 성경을 보면 모세는 이 세상 사람들 가운데 가장 온유한 자라고 했습니다. 그만큼 모세는 온유하고 마음이 부드럽고 잘 참고 견디는 사람이었습니다. 그렇기 때문에 그 말 많고 불평 많은 이스라엘 백성을 40년 동안 광야에서 이끌고 가나안 입구까지 인도한 것입니다. 그런데 그 온유함이 지상의 모든 사람보다 뛰어난 모세가 가나안 입구인 가데스 바네아에 왔을 때 백성이 또 불평하니까 그 순간 화가 치밀어 올랐습니다. 그렇게 잘 참고 인내하면서 이스라엘 백성을 인도했던 모세가 그 순간에는 화가 났습니다. 하나님께서 "너희는 반석에게 명령하여 물을 내라 하라 네가 그 반석이 물을 내게 하여 회중과 그들의 짐승에게 마시게 할지니라"민 20:8 말씀하셨는데 화를 참지 못한 모세는 "우리가 너희를 위하여 이 반석에서 물을 내랴 하고"민 20:10 지팡이를 들어서 바위를 두 번 쳤습니다. 화를 내고 화난 행동을 보여준 것입니다. 물이 나왔지만 하나님께서 그 모습을 기뻐하지 않으셨습니다.

> "여호와아웨께서 모세와 아론에게 이르시되 너희가 나를 믿지 아니하고 이스라엘 자손의 목전에서 내 거룩함을 나타내지 아니한 고로 너희는 이 회중을 내가 그들에게 준 땅으로 인도하여 들이지 못하리라 하시니라"_민수기 20:12

모세는 꿈에도 그리고 소원하던 가나안 땅을 들어가지 못하고 가나안 입구에서 삶을 마치게 되었습니다. 분노 때문입니다. 그래서 우리가 예수님을 믿고 난 다음에는 우리의 감정을 잘 다스려야 합니다. 물론 살다 보면 화날 일이 많이 있습니다. 속상한 일도 생기고 소리 지를 일도 있습니다. 그러나 소리 지르고 싶다고 해서 다 소리 지르고 화내고 욕하고 살아가는 것은 그리스도인의 참모습이 아닙니다.

우리는 달라져야 합니다. 주님 안에서 오래 참는 덕을 쌓아야 합니다. 절대로 성도들끼리 교회 안에서 소리 지르고 다투면 안 됩니다. 소리 지르고 다투는 것은 마귀의 역사요, 사랑하고 용서하는 것은 성령의 역사입니다.

그런데 우리 인간이 약하기 때문에 자꾸 마귀의 '싸워라, 싸워라!', '소리 질러라, 소리 질러라!', '화내라, 화내라!' 하는 유혹을 받습니다. 그리고 유혹에 넘어가 감정을 폭발하는 것입니다. 그러므로 우리가 예수 믿고 이제 이만한 은혜 가운데 성숙한 그리스도인의 모습으로 여기까지 왔으면 이제는 모든 것을 참고 견디고 여유로운 마음을 가지고 배려하고 품는 덕스러운 모습을 보여야 합니다.

사울 왕도 그랬습니다. 블레셋이 쳐들어오는데, 이제 사무엘이 와서 제사를 드려야 하는데 늦게 오는 것입니다. 이스라엘 백성은 불안해 하며 흩어졌습니다. 그 모습을 본 사울 왕은 "언제 선지자가 올 것을 기다리느냐. 내가 제사를 드리겠다"라고 말하며 제사를 드렸습니다 삼상 13장. 그때로부터 사울은 하나님께 인정받지 못하고 하나님으로부터 귀하게 쓰임 받지 못하는 길을 가게 되었습니다.

우리가 예수님을 믿고 나서 주님의 일을 할 때, 끝까지 우리 마음을 다스려야 하고 특별히 몸 된 교회를 섬길 때 기쁨과 감사함으로 섬겨야 합니다. 주님의 몸 된 교회를 섬긴다고 하면서도 우리 마음에 맞지 않는다고 소리 지르고 다투면 하나님이 슬퍼하십니다. 하나님께 인정받지 못하게 됩니다. 우리는 하나님께서 반드시 모든 것이 합력하여 선을 이루게 해 주신다는 사실을 믿고 참고 견디며 모든 어려움을 극복해 나가야 합니다.

"다만 이뿐 아니라 우리가 환난 중에도 즐거워하나니 이는 환난은 인내를, 인내는 연단을, 연단은 소망을 이루는 줄 앎이로다" _로마서 5:3-4

환난을 당해도, 핍박을 당해도, 억울한 일 당해도, 속상한 일이 많아도 잘 참고 견디면 환난은 인내를 인내는 연단을 연단은 결국 우리가 꿈꾸고 소망하는 것을 이루는 축복을 받게 되는 것입니다. 그러므로 우리는 주님의 때가 올 때까지 참고 기다려야 합니다.

"여호와야웨 앞에 잠잠하고 참고 기다리라 자기 길이 형통하며 악한 꾀를 이루는 자 때문에 불평하지 말지어다"_시편 37:7

잠잠하고 참고 기다리라는 말씀은 불평하지 말고 원망하지 말고 인간의 감정을 드러내지 말고 꾹 참고 기다리라는 것입니다. 하나님께서 악인들을 그냥 잡초처럼 한순간에 싹 몰아내 버리시고 하나님의 은혜와 축복을 부어 주실 것입니다. 당장 응답이 없어 보여도 반드시 하나님의 때에 모든 것이 합력하여 선을 이루고, 좋은 일이 다가올 것을 믿고 참고 기다리면 반드시 좋은 일이 일어나는 것입니다.

"형제들아 주의 이름으로 말한 선지자들을 고난과 오래 참음의 본으로 삼으라 보라 인내하는 자를 우리가 복되다 하나니 너희가 욥의 인내를 들었고 주께서 주신 결말을 보았거니와 주는 가장 자비하시고 긍휼히 여기시는 이시니라"_야고보서 5:10-11

오래 참고 기다리면 하나님의 은혜가 임합니다. 아브라함은 25년을 기다렸습니다. 요셉은 13년이라는 그 긴긴 연단의 과정을 통과한 후에 애굽의 총리가 되었습니다. 주님 안에서 큰 은혜를 주실 때 그냥 갑자기 주시는 것이 아닙니다. 연단에 연단을 거쳐서 때가 되어 받을 만한 그릇이 된 다음에 복을 주십니다. 강한 군대가 저절로 생겨나는 것이 아닙니다. 훈련하고 또 훈련하고 훈련할 때 만들어집니다. 훌륭한 스포츠 선수들이 그냥 탄생하는 것이 아닙니다. 그들은 아침부터 밤늦게까지 훈련하고 또 훈련하고 또 훈련해서 그렇게 정상의 위치에 올라가게 된 것입니다. 그러므로 하나님 앞에서 큰 뜻을 이루기 위해서 참고 견디며 맡은 일을 묵묵히 순종하고 헌신할 때 하나님의 큰 복을 받게 될 것입니다.

자비

자비Kindness라는 표현은 친절입니다. 다른 사람들을 향한 우리의 섬김의 자세가 바로 친절입니다. 친절은 사람과의 관계를 화목하게 만들고 폭넓은 대인 관계를 이루게 합니다.

> "그러므로 너희는 하나님이 택하사 거룩하고 사랑 받는 자처럼 긍휼과 자비와 겸손과 온유와 오래 참음을 옷 입고" _골로새서 3:12

친절은 사람의 마음을 감동시킵니다. 여의도순복음교회가 이곳 여의도로 이사 온 때가 1973년입니다. 1973년 9월 준공 허가를 받고 지금의 성전을 사용했는데, 그 당시 이 여의도 허허벌판에 누가 올까 싶었습니다. 버스도 교회 앞에까지 오지 않았습니다. 당시 근처를 운행하는 버스 세 대 중에 보통 두 대는 다 돌아갔습니다. 마포대교 입구까지 오는 버스 외에 이쪽으로 오는 버스가 한 대도 없었습니다. 그때는 여의도순복음교회에 출석하는 것이 얼마나 큰 훈련이었는지 모릅니다. 대부분 마포대교 입구에서 도보로 다리를 건너왔습니다. 홍해를 걷는다고 생각하면서 추운 겨울에 강바람을 맞으면서 다리를 건넜습니다. 그래서 우리 교회 구역장들은 걸음이 빨라졌습니다. 그런데 이렇게 불편한 상황 속에서도 사람들이 막 몰려왔습니다. 한 달에 새가족이 3~4천 명 이상 왔습니다.

한국 교회에 이러한 부흥을 다시 일으켜야 합니다. 매주 사람들이 구름떼처럼 교회로 몰려와야 합니다. 한 사람이 일 년에 열 명씩만 전도하면 됩니다. 성령이 임하시면 전도할 수 있습니다. 성령의 권능을 받으면 예수님의 증인이 될 수 있습니다.

지금처럼 힘들고 어렵고 삶의 희망을 잃어버렸을 때 오직 희망은 예수님밖에 없습니다. 우리는 예수님을 전해야 합니다. 우리 주변에 예수님을 믿지 않는 사람이 얼마나 많은지 모릅니다. 눈만 돌리면 예수님을 믿지 않는 사람들이 있습니다. 예수님을 모르는 사람들이 많다 보니까 그들이 이 어려운 때에 삶의 방향을 잃어버리고 절망 가운데 사는 것입니다.

이 어려운 때에 대충대충 적당히 하니까 아파트가 와르르 무너진 것입니다. 지금이 2022년인데 어떻게 이런 일이 일어날 수 있습니까? 와우아파트가 무너졌던 1970년대도 아니고……. 그때 와우아파트는 급하게 짓다가 무너졌습니다. 그런데 지금은 2022년입니다. 30층이나 되는 아파트 한 동이 어떻게 이토록 쉽게 무너져 내릴 수 있습니까? 전 세계가 깜짝 놀랐습니다. 한국이 잘되는 것이 배가 아픈 나라들이 특집으로 뉴스에 계속 내보냈습니다. 세계 경제 대국 몇 위까지 올라간다는 나라가 건축하던 아파트가 무너졌다고 대서특필했습니다. 이 얼마나 창피한 일입니까? 아파트가 다 지어지고 사람들이 입주한 상태였다면 정말 아찔할 뻔했습니다. 이 모든 것이 하나하나 신중하게 제대로 하지 않았기 때문입니다.

1974년 엄청난 숫자의 사람들이 우리 교회에 몰려오다 보니 교회에서 제대로 감당을 못했습니다. 질서가 없다보니 여기저기서 줄 서라고 야단을 치기도 했습니다. 새로 온 사람들은 시험에 들어, 여의도순복음교회 갔다가 줄 서라고 야단만 맞고 왔다고 했을 정도였습니다. 처음 오는 사람들이 상처받고 교회를 떠나가니까 장로회에서 안 되겠다고 생각하고 장로님들이 성도들을 섬기고자 하는 뜻을 모아 '친절'이라고 적은 명찰을 붙이고 앞장서서 인사하고 안내했습니다. 장로님들이 매주 이렇게 친절 캠페인을 하면서 성도들을 섬기다 보니 교회에 질서가 잡혀갔고 새로 온 성도들도 교회 안에서 자리를 잘 잡아갔습니다.

친절한 사람을 이기는 사람이 없습니다. 친절한 성품으로 교회를 섬기고 예수님을 섬겨야 합니다. 예수님을 믿는 우리가 일반 사람들보다 몇백 배, 몇십 배는 더 친절해야 합니다. 친절은 예수님의 사랑이 함께하고 있다는 표현이며 성령의 열매이기 때문입니다. 우리의 친절한 섬김을 통해 교회가 부흥하고 문제가 해결되고 하나님의 축복이 넘치게 될 것입니다. 우리 몸에 친절이 배어서 자연스럽게 베풀 때 사람들에게 기쁨을 주고 덕을 끼치게 되는 것입니다.

예수님께서는 이 땅에 오셔서 평생 소외된 자들에게 사랑과 친절을 베풀며 사셨습니다. 하나님이 우리를 사랑하시고 우리에게 모든 자비를 베푸는 것처럼 우리도 이웃을 사랑하고 자비를 베풀고 친절을 베풀라고 주님은 말씀하셨습니다.

"너희 아버지의 자비로우심 같이 너희도 자비로운 자가 되라"_누
가복음 6:36

친절은 조건 없이 베푸는 것입니다. 예수님께서 "내 이웃이 누
구니이까"눅 10:29라고 묻는 율법 교사에게 선한 사마라아인의 비
유를 말씀하셨습니다눅 10:30-37. 한 사람이 예루살렘에서 여리고
로 가다가 강도를 만났습니다. 그 사람이 가진 것을 모두 빼앗기
고 온몸을 두들겨 맞고 길거리에 버려졌을 때, 늘 제사를 드리고
거룩한 말을 하는 제사장이 지나갔습니다. 그런데 제사장은 길에
쓰러져 있는 사람을 보고도 그냥 지나갔습니다. 또한 교회에서 봉
사를 열심히 하는 레위인도 쓰러져 있는 사람을 보고 그냥 지나갔
습니다. 하지만 당시 사람들이 업신여기고 존중히 여기지 않았던
사마리아인이 그 쓰러져 있는 사람을 보고는 나귀에서 내려 상처
를 싸매주고 근처 주막에 데려가서 그에게 필요한 모든 것을 돌봐
주도록 하고 돈을 맡기고 갔습니다. 예수님은 이 비유를 통해 누
가 우리의 참 이웃인지를 말씀하십니다.

"네 생각에는 이 세 사람 중에 누가 강도 만난 자의 이웃이 되겠
느냐 이르되 자비를 베푼 자니이다 예수께서 이르시되 가서 너도
이와 같이 하라 하시니라"_누가복음 10:36-37

미국의 유명한 성공 철학의 대가이자 프랭클린 루스벨트Franklin Delano Roosevelt 대통령 고문관을 지낸 나폴레온 힐Napoleon Hill 의 『성공의 열쇠』에 나오는 예화입니다. 어느 비가 많이 오던 오후 필라델피아 한 백화점 앞에 할머니 한 분이 서 있다 들어왔습니다. 직원 대부분이 할머니가 들어온 것을 거들떠보지도 않았습니다. 검소한 옷차림의 나이 많은 할머니가 들어와서 문 앞에 서 있을 때 아무도 돌아보지 않았습니다. 그런데 한 젊은 직원이 달려가서 할머니에게 말을 건넸습니다.

"할머니, 필요하신거 있으세요?"

"아니야, 지금 밖에 비가 와서 비를 피해 잠깐 들어왔는데 차가 오면 갈 거야."

"할머니, 차가 언제 올지도 모르는데 여기 앉아서 기다리세요."

그 직원은 할머니에게 의자를 내어 드리며 앉아서 기다리시게 했습니다. 한참 후에 할머니가 탈 차가 왔습니다. 할머니가 그 직원에게 이야기했습니다.

"고마워, 젊은 양반. 명함이나 하나 줘."

직원은 할머니께 명함을 드렸고 할머니는 가셨습니다.

그리고 이 젊은 직원은 그 일을 다 잊어버리고 그곳에서 열심히 일하고 있었는데 어느 날 그 백화점 사장에게 편지가 한 통 왔습니다. '*** 직원을 나의 고향 스코틀랜드에 보내고, 그 큰 성에 필요한 가구 전체를 그 청년이 주문해서 다 채우게 하라는 내용이었습니다. 알고 보니 그 편지 속 직원은 비 오는 날 차를 기다리던 할머께 의자를 내어 드린 친절한 직원이었고, 편지를 보낸 사람은 그 직원으로부터 의자를 내어 받고 앉아서 차를 기다리던 할머니였습니다. 그리고 그 할머니는 당시 미국 최대의 재벌인 철강왕 앤드루 카네기Andrew Carnegie의 어머니인 마가렛 모리슨 카네기Margaret Morrison Carnegie였습니다.

늘 검소한 옷차림으로 독실한 기독교인이었던 마가렛 모리슨 카네기가 이 한 젊은 직원의 친절에 감동해서 본인 고향에 있는 큰 성에 모든 가구를 이 백화점에서 납품하도록 한 것입니다. 이 젊은 청년은 고속 승진을 했고 그 회사의 중역으로 스코틀랜드에 파견되어 모든 물건을 그 성에 납품했습니다. 그 한 번의 친절이 이 젊은 직원의 운명을 바꿔 놓은 것입니다. 아무런 대가도 바라지 않고 그냥 할머니 한 분에게 친절을 베풀었는데 그 친절이 이런 큰 축복으로 돌아온 것입니다.

우리는 예수 믿는 사람으로 우리가 만나는 모든 사람에게 대가를 바라지 않고 친절을 베풀어야 합니다. 사랑을 베풀어야 합니다. 친절을 행하는 성숙한 그리스도인이 되어야 합니다. 그러면 하나님이 우리의 친절한 행실을 기억하시고 하늘나라의 큰 상급으로 우리 모두에게 채워주실 것입니다.

양선

양선Goodness은 착함입니다. 착한 성품, 착한 행동을 말합니다. 성령이 임하시면 성령님이 우리 마음에 착한 마음을 넣어 주십니다. 우리는 그동안 악한 마음을 먹고 살았던 어둠의 자녀였는데, 예수님을 믿는 순간 성령님이 오셔서 착한 마음을 심어 주시고 빛의 자녀로 살게 해 주십니다. 예수님을 만나면 예수님의 은혜로 우리의 운명이 바뀝니다.

예수님 당시 세리장이었던 삭개오가 그 대표적인 인물입니다. 예수님을 만난 후에 그의 운명이 바뀌었습니다.

"삭개오가 서서 주께 여짜오되 주여 보시옵소서 내 소유의 절반을 가난한 자들에게 주겠사오며 만일 누구의 것을 속여 빼앗은 일이 있으면 네 갑절이나 갚겠나이다"_누가복음 19:8

삭개오는 로마 정부의 앞잡이가 되어서 많은 세금을 거두고 일부는 로마 정부에 바치고 일부는 본인이 축적해 거부가 되었습니다. 그런데 예수님을 만난 다음 그 악한 마음이 바뀌어서 착한 마음이 되었습니다. "내가 가진 재산의 절반을 가난하고 불쌍한 자에게 다 나누어주겠습니다. 그리고 강제로 착취한 것이 있으면 네 배로 갚겠습니다"라고 했습니다. 그는 그 후에 가이사랴의 첫 주교가 되었다는 기록이 남아있습니다.

우리가 주님께 부름받은 것은 착한 일을 넘치게 하기 위함입니다. 우리는 열심히 착한 일을 찾아서 해야 합니다.

"이같이 너희 빛이 사람 앞에 비치게 하여 그들로 너희 착한 행실을 보고 하늘에 계신 너희 아버지께 영광을 돌리게 하라"_마태복음 5:16

"하나님이 능히 모든 은혜를 너희에게 넘치게 하시나니 이는 너희로 모든 일에 항상 모든 것이 넉넉하여 모든 착한 일을 넘치게 하게 하려 하심이라"_고린도후서 9:8

우리 교회에서는 작년 연말에 어려움에 처한 사람들을 돕기 위해서 100억 원이라는 기금을 기부했습니다. 영세소상인, 독거어르신 분, 기초생활수급자, 다자녀 가정을 조금이나마 섬길 기회를 우리 교회에 주신 것을 감사합니다. 이렇게 착한 섬김을 들은 사람들은 교회에서 귀한 일을 한다고 칭찬했습니다. 사실 이 정도면 일간지 1면에 크게 실려도 부족함이 없는 뉴스인데 몇 줄 나오지 않고 묻혀버려서 안타까움은 있습니다. 교회가 조금이라도 잘못한 것은 뉴스에 크게 내보내는데 잘한 것은 잘 기사화해 주지 않습니다. 좋은 일은 크게 다뤄주고 나쁜 문제는 작게 다뤄도 되는데 꼭 거꾸로 다룹니다.

처음 코로나19가 국내에서 발생하고 확진자가 빠르게 늘어나고 있을 때 '코로나19 교회발 확진자 몇십 명'이라는 기사를 종종 봤습니다. 사실 많은 경우 '교회발'이 아니라 '교회 관련자'라고 해야 맞습니다. 그런데 코로나19 확진자가 나오면 으레 어느 교회에 다니는지 묻습니다. 그리고는 어느 교회에 다닌다고 말하면 '***교회발'이라고 합니다.

우리 교회에서 확진자가 나왔을 때도 그랬습니다. '여의도순복음교회발'이라고 기사가 났습니다. 그런 후 매일같이 질병관리본부에서 '여의도순복음교회발 코로나19 확진자 몇 명' 이렇게 리스트에 올라와서 우리 여의도순복음교회가 엄청나게 오해받고, 그 편견 속에서 많은 사람에게 비판을 받았습니다.

질병관리본부에서 브리핑할 때 CBS 기자가 정은경 청장님에게 질문을 했습니다. 제가 사전에 질문 요청을 했었습니다.

"여의도순복음교회발이라고 하셨는데, 여의도순복음교회 내에서 확진자가 발생한 것입니까?"

그러니까 정은경 청장님이 당황해 하며 답변했습니다.

"교회 내에서 확진자가 나온 것이 아니라 교회 관련자입니다."

"그런데 왜 교회발이라고 표현하십니까?"

"시정하겠습니다."

이후부터는 교회발이 아닌 교회 관련자로 바뀌었습니다.

물론 교회 내에서 식사하면서 20명, 30명씩 확진자가 생겼다면 그것은 교회발이 맞습니다. 그러나 지하철이나 식당, 카페 등 외부에서 확진이 되었는데 어느 교회에 출석하는지 묻고 교회 이름을 이야기하면 '***교회발'이라고 하는 것은 잘못된 것입니다. 그리고 외부에서 확진자가 나왔는데 왜 교회를 다니는지 묻고 교회에 다닌다고 하면 교회 이름을 물어봅니까? 이것 또한 잘못된 것입니다. 그래서 초기에는 교회가 비판을 많이 받았습니다. 억울하지만 교회가 왜 이렇게 비판을 받게 되었을까요? 그동안 착한 일을 많이 했어야 하는 교회에서 그러지 못했기 때문입니다.

우리는 착한 일을 더 많이 해야 합니다. 우리 한국이 처음 개화기가 되어서 문이 열릴 때 기독교인들이 모든 선한 일을 했습니다. 학교와 병원을 세우고 문학과 음악을 발전시켰습니다. 기독교를 통해 한국 사람들이 계몽되었고 발전했습니다. 원래 음악은 교회 음악에서 시작해서 클래식이 나온 것입니다. 그리고 한국의 모든 음악이 선교사님들을 통해 들어 왔습니다. 찬송가와 같은 교회 음악을 통해서 한국 전체가 서양 음악을 배우게 된 것입니다. 당시 정치 지도자들이나 리더들, 독립운동가들과 민족지도자 대부분이 크리스천이었습니다. 그 당시 대통령 격에 해당하는 조만식 선생님, 김구 선생님, 안창호 선생님, 서재필 선생님, 이승만 박사 등 모두가 크리스천이었습니다. 크리스천이 아닌 사람이 없습니다. 그렇게 기독교가 우리나라에 결정적인 영향력을 미쳤는데, 오늘날 이렇게 욕을 먹게 된 것은 우리가 착한 일을 넘치게 하지 못했기 때문입니다.

코로나19 시기를 거치면서 모든 교회가 반성하고 일어나서 착한 일을 많이 하길 원합니다. 한국을 깜짝 놀라게 하고 변화시키고 위대하게 건설해야 합니다. 기독교인은 빛의 자녀로서 의로움과 착함과 진실한 열매를 많이 맺어야 합니다.

"너희가 전에는 어둠이더니 이제는 주 안에서 빛이라 빛의 자녀들

처럼 행하라 빛의 열매는 모든 착함과 의로움과 진실함에 있느니라"_에베소서 5:8-9

우리는 어두움이 아니라 빛입니다. 우리가 가는 곳마다 사랑의 빛을 비춰야 합니다. 용서의 빛을 비춰야 합니다. 착한 빛을 비춰야 합니다. 마음이 착한 사람은 자기에게 상처를 준 사람을 용서하고 품을 수 있습니다. 그러나 마음이 착하지 않은 사람은 다른 사람의 잘못을 용서하지 않고 마음에 아픔과 원한을 부여잡고 살아갑니다. 마음에 미움과 분노와 상처가 있는 한 그 사람은 자유로울 수가 없습니다. 늘 그 상처에 눌린 바 되고 그 상처 때문에 분노하고 주변 사람들을 더 미워하게 됩니다. 그로 인해 사람들과 더 깊은 갈등이 생기게 됩니다. 만일 다른 사람과 문제가 많이 생기는 사람이 있다면 그것은 다른 사람이 문제가 아니라 자신이 문제라는 것을 잊지 말아야 합니다. 모든 원인이 자신한테 있다는 것을 알아야 합니다.

그런데 착한 마음은 우리가 마음먹는다고 해서 하루아침에 생기지 않습니다. 그래서 우리의 마음이 착한 마음으로 바뀌길 기도해야 합니다. 사랑하고 용서하며 살기를 기도해야 합니다. 다투고 미워하고 분노하며 살지 않기를, 용서하고 또 용서하고 또 용서하며 살기를 기도해야 합니다. 우리는 빛이신 주의 자녀답게 빛을 발하는 삶을 살아야 합니다.

"사람이 등불을 켜서 말 아래에 두지 아니하고 등경 위에 두나니 이러므로 집 안 모든 사람에게 비치느니라 이같이 너희 빛이 사람 앞에 비치게 하여 그들로 너희 착한 행실을 보고 하늘에 계신 너희 아버지께 영광을 돌리게 하라"_마태복음 5:15-16

빛은 어두움을 밝힙니다. 우리 모두 빛이 되었기 때문에 이제 어두움을 밝혀야 합니다. 신앙은 말이 아니라 행동으로 나타나야 합니다. 말로는 "사랑한다"라고 하면서도 행함이 뒤따르지 못하면 그것은 거짓 사랑입니다. 진짜로 사랑하면 그 사람을 위해서 모든 것을 쏟아붓고 다 주어도 아깝지 않습니다. 그것이 진정한 사랑의 모습입니다.

"만일 형제나 자매가 헐벗고 일용할 양식이 없는데 너희 중에 누구든지 그에게 이르되 평안히 가라, 덥게 하라, 배부르게 하라 하며 그 몸에 쓸 것을 주지 아니하면 무슨 유익이 있으리요 이와 같이 행함이 없는 믿음은 그 자체가 죽은 것이라"_야고보서 2:15-17

지금 옆집에 사는 이웃이 실직한 지 몇 달이 되어서 집에 쌀이 떨어지고 먹을 게 없어서 굶주리는데 "집에 먹을 것이 없으면 음식점에서 사 먹으세요"라고 말한다면 무슨 소용이 있겠습니까? 그때는 집에서 쌀 한 포대와 밑반찬을 가져다주며 "이거 함께 나눠 먹어요. 우리 집에 좀 넉넉하게 있어요"라고 말하며 베풀 수 있어야 합니다.

우리 대한민국은 정이 많은 나라입니다. 시골길을 가다가 아무 집이나 문을 두드리며 인사를 하면 먹을 것을 주는 그러한 정이 많은 민족입니다.

한 일본 사람이 한국을 알리기 위해서 한국 전체를 순례하며 쓴 책이 있습니다. 그는 그 책을 통해 한국인에 대해 다음과 같은 결론을 내렸습니다.

'한국 사람은 한마디로 말하면 정이 많은 사람입니다. 시골 어디를 가도 반갑게 맞아주고 말도 통하지 않는데 먹을 것을 주고 때로는 잠도 재워줍니다. 일본 그 어디에서도 볼 수 없는 그 정을 한국 시골 곳곳에서 체험했습니다.'

이것이 일반 사람들의 모습이라면 우리 예수 믿는 사람은 이보다 더 열 배, 백 배, 천 배로 사랑을 실천하며 어려운 사람을 돌보며 살아가는 주님의 자녀들이 되어야 합니다.

2014년 세월호가 가라앉았을 때, 안산 전체가 경제적으로 침체되고 가라앉았습니다. 모든 가게는 개점휴업 상태였습니다. 아무도 찾아오는 사람이 없었습니다. 그 소식을 듣고 우리는 '안산희망나눔 프로젝트'로 한 번에 천 명씩 열두 번을 안산에 갔습니다. 처음 갔을 때는 사람들이 '한 번 이벤트성으로 왔다 가겠지'라고 생각했는데, 세월호가 올라올 때까지 간다고 약속하고 3년 동안 총 열두 번을 방문하니 안산의 분위기가 완전히 바뀌었습니다. 교회에 얼마나 감사하는지 모릅니다. 우리는 그곳에 가서 단 한 번도 예수님을 믿으라고 전도한 적이 없고 그냥 그들을 격려하고 위로하는 말씀만 전했는데, 그들은 주님의 큰 사랑을 체험하고 감동했습니다. 열두 번째 가니까 "아이고, 이번이 마지막인가요?"라고 하면서 아쉬워하던 모습이 기억이 나서 그해 추수감사절 때 한 번 더 다녀왔습니다. 사랑은 이처럼 행하는 것입니다.

"오직 선을 행함과 서로 나누어 주기를 잊지 말라 하나님은 이같은 제사를 기뻐하시느니라"_히브리서 13:16

"하나님이 능히 모든 은혜를 너희에게 넘치게 하시나니 이는 너희로 모든 일에 항상 모든 것이 넉넉하여 모든 착한 일을 넘치게 하게 하려 하심이라"_고린도후서 9:8

주먹을 휘두르는 삶에서 이제는 주걱을 푸는 삶으로 바뀐 무료 급식을 담당하는 '바하밥집바나바하우스 밥집'의 김현일 대표님은 매주 700명이 넘는 노숙인과 독거어르신들에게 무료 급식을 제공하고 있습니다. 원래 운동선수 출신의 좋은 체격 조건으로 한때 주먹을 휘두르는 삶을 살다가 마음 잡고 사업을 시작했는데 IMF로 완전히 망했습니다. 아내와 딸을 처가에 보내고 본인은 노숙 생활을 하는데 말로 다 할 수 없는 비참한 삶이었다고 합니다. 무료 급식을 받으려고 줄을 설 때의 심정을 다음과 같이 고백합니다.

"그 줄은 마치 절망의 줄 같았어요. 내가 왜 여기서 이러고 있나 싶기도 하고 온갖 생각이 다 들더라고요. 배식이 제 앞에서 끊긴 적도 있었어요. 그럴 땐 분노가 치밀어 오르고 죽고 싶기도 하고……. 정말 너무 끔찍했어요."

김현일 목사님은 5개월 후 간신히 일자리를 구해 가족과 다시 만났고 그때 나들목교회 김형국 목사님을 만나서 예수님을 믿고 신앙생활을 하기 시작했습니다. 그렇게 새 출발하며 잘 지내고 있었는데 2008년, 한 노숙자가 버스에 뛰어들어 자살하는 장면을 직접 목격했습니다. 그리고 김형국 목사님을 찾아가서 말했습니다. 교회가 어려운 사람을 도와주어야 하지 않겠냐고 말입니다. 그때 김형국 목사님은 "교회가 누구냐? 교회가 무엇이냐? 우리 교회도 교회지만, 당신 자신도 교회인데 당신은 도대체 뭘 하고 있냐? 하나님이 당신에게 보여 주시는 것을 다른 사람에게 떠넘기지 마라"고 이야기 했습니다.

그 말을 듣고 감동해서 2009년 컵라면 다섯 개와 빵 다섯 개를 들고 신설동에 있는 노숙인을 찾아간 것이 김현일 대표님 사역의 시작이었습니다. 노숙인들은 처음에 그를 경계했습니다. 노숙인들에게 와서 신분증을 빌려서 대포통장이나 대포폰을 만드는 사람들이 있었기 때문입니다. 처음에 노숙인들은 '우리를 이용하려는 사람일거야!'라고 생각했는데, 끊임없이 찾아와서는 본인도 노숙생활을 했다고 하면서 가진 것을 나누어 주고 섬길 때 한 사람 두 사람 마음을 열기 시작했습니다.

그렇게 해서 바나바하우스 프로젝트를 열고 매주 700명이 넘는 사람들에게 사랑을 베풀고 있습니다. 무료 급식뿐 아니라 노숙인 자활과 새 출발 할 수 있도록 상담도 하고 주거와 의료, 법률 등 다양한 방면으로 도와주고 있습니다. 또한 사회 적응 훈련과 치료 프로그램을 운영하면서 이제 저들이 자활할 수 있도록 공동체 마을을 만들었는데, 지금은 봉사자들과 함께 어울려서 40여 가구가 지내고 있습니다. 그 절반 이상이 미혼모, 노숙인, 장애인들입니다. 그들을 사랑으로 섬기니 그곳에 모인 사람들이 하나, 둘씩 변화됩니다. 인생을 완전히 포기했던 사람들이 그곳에 와서 새 삶을 찾고 있는 것입니다. 김현일 대표님은 이렇게 고백합니다.

"이들에게 필요한 건 공동체였어요. 함께 밥도 먹고 예배도 드리고, 함께 울고 웃는 그런 공동체가 필요한 거죠. 지역생활 공동체로 함께 먹고 마시고 예배하고 사역하는 사도행전 교회의 모습이 우리 공동체가 추구하는 모습이에요. 공동체 안에서 네 번의 결혼식과 돌잔치를 치르는 등 그야말로 삶의 대소사를 함께 나누고 있어요. 주님의 말씀은 아주 선명해요. 예수님은 가난하고 소외당하고 핍박받는 사람들 가운데 함께 계셨어요. 저희 역시 삶에서 구체적이고 선명하게 예수님을 배우고 발현하는 공동체가 되려고 합니다."

우리는 받은 은혜를 주위에 소외된 사람들에게 선을 행하며 살아가는 복된 인생으로 살아야 합니다. 성령으로 충만하여 모든 일에 참고 견디며 만나는 모든 사람에게 친절을 베풀고 선한 일을 행하여 하나님의 영광을 온 천하에 드러내는 주님의 일꾼들이 되어야 합니다.

1. 오래 참음 ————

사랑의 첫 출발이 오래 참는 것입니다. 오래 참는 것이 잘 안 되는 이유는 자신을 잘 다스리지 못하고 급하기 때문입니다. '오래 참음Patience'은 화가 나는 것을 막 눌러서 억지로 참는 그런 참음이 아닙니다. 주님께서 모든 것이 합력하여 선을 이루게 해 주실 것을 믿고 그 믿음으로 참고 견디는 것을 말씀합니다. 여유로운 마음과 관용의 마음을 가지고 우리가 당한 문제에 대해서 분노하거나 흥분하고 요동하는 것이 아니라 주님께 모든 것을 맡기고 주님의 때를 기다리는 모습이 성경에서 말씀하는 오래 참음입니다.

2. 자비 ————

자비Kindness라는 표현은 친절입니다. 다른 사람들을 향한 우리의 섬김의 자세가 바로 친절입니다. 친절은 사람과의 관계를 화목하게 만들고 폭넓은 대인 관계를 이루게 합니다. 하나님은 우리를 사랑하시고 우리에게 모든 자비를 베푸는 것처럼 우리도 이웃을 사랑하고 자비를 베풀고 친절을 베풀라고 주님은 말씀하셨습니다. 친절은 조건 없이 베푸는 것입니다.

3. 양선

　양선Goodness은 착한 것입니다. 착한 성품, 착한 행동을 말합니다. 성령이 임하면 성령님이 우리 마음에 착한 마음을 넣어 주십니다. 우리는 그동안 악한 마음을 먹고 살았던 어둠의 자녀였는데, 성령님이 오셔서 예수님을 믿는 순간 착한 마음을 심어 주시고 빛의 자녀로 살게 해 주십니다. 예수님을 만나면 예수님의 은혜로 그 운명이 바뀝니다.

Chapter 09

나와 나 자신과의 관계에서의
성령의 열매

"오직 성령의 열매는 사랑과 희락과 화평과
오래 참음과 자비와 양선과 충성과 온유와 절제니
이같은 것을 금지할 법이 없느니라"
갈라디아서 5:22-23

나와 나 자신과의 관계에서의
성령의 열매

예수님을 믿는다는 것은 일생일대에 가장 큰 축복이고 기적이고 특권입니다. 최근 한국 교회 전체 선교에 대한 모든 것을 총괄하고 있는 KWMA한국세계선교협의회, The Korea World Missions Association 사무총장님과 오랜 시간 이야기를 나눴는데, 지금 한국은 세계 2위로 선교사를 많이 파송하고 있다고 합니다. 현재 2만 8천 명의 선교사가 나가 있고 큰일을 이루고 있는데 우리 현실은 그것과 거리가 멀어 보입니다. 우리가 선교 대국인 것도 확실하고 복음을 전하는 것이 모든 교회에 지상 명령이고 각자의 사명인 것도 분명한데 우리 현실은 참으로 힘들고 어려운 상황 속에서 기독교인들이 존중받지 못하는 사회에 살고 있습니다.

그런데도 우리가 감사해야 하는 것은 예수님을 믿는다고 붙잡혀서 감옥에 가는 일은 없다는 것입니다. 북녘땅에 2,500만 우리 동족은 예수님을 자유롭게 믿지 못합니다. 영화 「신이 보낸 사람」에도 묘사가 잘 되어 있는데, 예수님을 믿으면 붙잡혀서 노동수용소로 끌려가서 고문을 당하고 먹을 것도 제대로 못 먹고 너무나 고된 노동을 하다가 그곳에서 병들어 죽게 됩니다. 그리고 예수님을 잘 믿는 독실한 크리스천들은 연단이 더 심해 용광로에서 일한다고 합니다. 원래 용광로에서 일할 경우에는 두꺼운 보호복을 입어야 합니다. 그곳은 너무나 뜨겁기도 하고 뜨거운 불덩이가 튀기 때문입니다. 그런데 보호복도 주지 않고 일을 시켜서 온몸에 화상을 입고 고통을 당한다고 합니다. 그러한 환경 속에서 믿음을 지키는 사람들이 있습니다. 그러니까 우리는 감사해야 합니다. 지금 현실이 어렵고 힘들지만 감사해야 합니다. 그리고 예수님을 잘 믿어야 하고 많은 열매를 맺는 주님의 일꾼들이 되어야 합니다.

우리가 성령충만해서 한 사람 한 사람이 변화되고 1천만 크리스천이 정말 성령충만한 모습으로 나아간다면 우리 대한민국은 완전히 새롭게 될 것입니다. 하나님의 큰 은혜가 임할 것입니다. 그 출발은 우리 한 사람 한 사람이 성령충만을 받는 것에서부터 시작합니다. 성령으로 충만해서 각종 은사가 나타나고 성령의 열매를 주렁주렁 맺어야 합니다.

충성

충성Faithfulness이란 말의 헬라어는 '피스티스πίστις'인데 이는 '믿음, 신실함'의 의미가 담겨있습니다. 다시 말해, 충성이라는 말의 의미는 하나님 앞에서 우리가 믿음으로 최선의 모습을 나타내는 것, 하나님께 인정받는 모습으로 살아가는 것입니다.

사람들은 눈에 보이는 사람에게 잘 보이려고 노력합니다. 그래서 때때로 진실하지 않게 그저 사람들의 비위를 맞추기 위해서, 자신 보다 높은 위치에 있는 사람 앞에서 잘하는 척을 보이려고 할 때가 참 많습니다. 이것은 충성이 아니라 위선입니다. 진정한 크리스천의 충성은 하나님 앞에서 믿음의 자세로 온 힘을 다하는 것을 말합니다. 하나님은 그러한 사람들에게 복을 내려주십니다.

"그리고 맡은 자들에게 구할 것은 충성이니라"_고린도전서 4:2

성공은 충성된 자들에게 주시는 하나님의 선물입니다. 아무나 성공하는 것이 아닙니다. 아무나 잘되는 것이 아닙니다. 맡은 일에 온 힘을 다하는 자에게 하나님이 성공이라는 선물을 주시고 축복이라는 선물을 주십니다.

하나님은 우리 각자에게 재능을 주셨는데, 그 재능을 가지고 열심히 일해서 주님이 주신 사명을 잘 감당하고 하나님께 영광을 돌릴 때 상급이 임합니다.

마태복음 25장을 보면 종들에게 달란트를 맡긴 주인이 나옵니다. 주인이 오랫동안 집을 비웠다가 돌아와서 결산할 때 한 종에게 칭찬합니다.

> "그 주인이 이르되 잘하였도다 착하고 충성된 종아 네가 적은 일에 충성하였으매 내가 많은 것을 네게 맡기리니 네 주인의 즐거움에 참여할지어다 하고"_마태복음 25:21

우리가 주님 앞에서 설 때 이러한 칭찬을 받아야 합니다. 이 말씀에 '충성'이라는 단어가 계속 나옵니다. 충성은 우리에게 주신 재능대로 온 힘을 다하는 것을 의미합니다. 우리가 열을 할 수 있는데 다섯까지밖에 못 하면 충성한 것이 아닙니다. 우리에게 주신 분량대로 온 힘을 다해야 합니다. 하나님께서 각 사람에게 다 그

릇을 주셨습니다. 우리는 우리 자신에게 주어진 그릇을 채워야 합니다. 조용기 목사님이 교회성장 세미나에서 하셨던 말씀이 생각납니다.

"하나님께서 각자 각자에게 믿음의 분량대로 교회를 맡겨주셨습니다. 어떤 목회자에게는 50명, 또 어떤 목회자에게는 100명, 다른 목회자에게는 1천 명, 1만 명. 그렇기에 성도의 숫자를 가지고 비교할 필요가 없습니다. 다 각자의 달란트 가지고 목회를 하는 것입니다. 그런데 교회성장 세미나를 하는 이유는 100명 목회를 할 수 있는 능력을 주셨는데 지금 20명, 30명밖에 못 하기 때문에 주신 재능을 100% 활용할 수 있도록 말씀으로 가르쳐주기 위해서 하는 것입니다."

실제로 호주에서 목회자 세미나를 인도하시고 그곳에 참석한 모든 교회 목회자에게 본인에게 주신 하나님의 달란트를 발견해서 성장 목표를 세우고 기도하고 열심히 사역하게 했더니 1년 후에 모든 교회가 갑절로 부흥했습니다. 그러니까 우리에게 주신 재능을 가지고 우리에게 주신 능력대로 온 힘을 다하면 목표에 도달할 수 있는데 그렇게 하지 못하는 것이 문제입니다. 그래서 우리는 무슨 일을 하든지 온 힘을 다하는 삶을 살아야 합니다.

그리고 우리는 자신에 대해서 엄격해야 합니다. 남에 대해서는 굉장히 엄격한 잣대를 대고 고칠 것을 지적하면서 자신에 대해서는 엄격하지 않을 때가 많습니다. 자신이 게으르고 열심히 하지 않는 것에 대해서는 너그럽게 봐주면서 다른 사람이 못하는 것에 대해서 지적하는 것은 문제입니다. 자신에 대해서는 엄격하고 남에 대해서는 너그러운 마음으로 대해야 문제가 없는 것입니다.

얼마 전에 서점에 갔는데 『하루를 48시간으로 사는 마법』이라는 책이 눈에 들어왔습니다. 그 책에서 강조하는 것은 새벽에 일어나서 하루를 시작하라는 것이었습니다. 우리가 새벽예배를 드리며 하루를 시작하는 것이 바로 저자가 말하는 하루를 48시간으로 사는 법이라 여겨졌습니다.

새벽형 인간이 하루를 48시간 즉 하루 24시간의 두 배로 산다고 하는 이유는 하나님께서 주신 시간을 최대한 활용할 수 있고, 자신에게 주신 재능을 가지고 노력할 수 있기에 새벽형 인간에게 하나님께서 은혜와 축복을 내려주시는 것입니다. 다른 사람이 잠자는 시간에 이미 일어나서 움직이고 있기 때문입니다. 그만큼 앞서가기 때문입니다.

예수님을 믿는 사람들은 이 사회를 이끌어가는 영적 지도자이기 때문에 모든 일에 앞서가야 합니다. 우리 자신이 하나님 앞에서 주어진 24시간을 가지고 온 힘을 다해서 48시간처럼 살고 쓸데없이 낭비하는 시간을 없애고 우선순위를 정해서 먼저 해야 할 일에 집중해야 합니다. 모든 성공에 관한 책을 보면 '습관을 바꿔라. 자기 능력을 최대한으로 개발하라. 모든 일에 우선순위를 정하고 시간을 효율적으로 사용하라. 집중력을 가지라'는 말을 하고 있습니다.

우리는 우선순위가 정해져 있지 않으면 벌여 놓은 수많은 일로 인해서 정작 중요한 것은 놓치게 됩니다. 또한 우리에게 주어진 24시간을 허투루 사용하게 됩니다. 우선순위를 정해야 중요하고 급한 일부터 처리하고 중요하지 않고 급하지 않은 일은 뒤로 미루고 나중에 처리할 수 있습니다.

또한 최근 읽은 책 중에 '과감하게 버려라'는 내용의 책도 있었습니다. 한국 사람들은 잘 버리지 못하고 다 쌓아 놓는 경우가 많습니다. 이사 갈 때 보면 10년이 넘도록 한 번도 열어보지 않은 것들도 있습니다. 그런데 그걸 또 가지고 갑니다. 별로 필요하지도 않고 사용할 것 같지도 않지만 버리기는 아깝다 보니 계속 가지고 있는 것입니다. 그러니까 과감하게 버리라고 저자는 말합니다.

우리는 정리할 것은 정리하고 앞으로 나아가야 합니다. 비단 물건 뿐만이 아닙니다. 자신의 성격이나 습관 등을 제대로 파악하고 버려야 할 점은 버려야 합니다. 자신과의 싸움에서 승리해야 합니다. 자신은 스스로가 제일 잘 압니다. 자기의 약점이나 고쳐야 할 것이 무엇인지 제일 잘 압니다. 우리는 자꾸 필요 없는 것에 많은 생각과 에너지를 쏟고 시간을 낭비하면서 마음 상해 합니다. 이러한 태도는 신앙생활에 전혀 도움이 되지 않습니다.

그리고 너무나 많은 일을 벌이는 사람이 있습니다. 일을 시작하지만 정리가 안 되고 수습을 못 합니다. 우리는 이러한 자신의 모습을 철저하게 관리 감독하고 고칠 것은 고치고 바로잡을 것은 바로 잡고 노력할 것에 대해서는 온 힘을 다해 노력하면서 목표를 향해 달려가야 합니다. 이럴 때 하나님께서 복을 주십니다.

하루에 너무나 많은 시간을 전화기를 붙잡고 있는 사람은 통화 시간을 줄여야 합니다. 복음을 전하는 일에 통화를 많이 하는 것은 좋지만, 필요 없이 온갖 세상 돌아가는 일을 다 이야기하는 사람은 용건만 간단히 하는 노력을 해야 합니다. 그래서 '통화는 3분 내로'라는 이야기가 있습니다. 어떤 사람은 전화하면 계속 통화 중일 때가 있습니다. 30분도 좋고 한 시간도 좋고 계속 통화 중인 것입니다. 상대방 입장도 생각해야 하는데 이 모든 것이 자기 관리에 문제입니다.

충성이라는 단어에는 철저하게 자리 관리를 하고 온 힘을 다해서 맡겨주신 사명을 잘 감당하라는 의미가 담겨 있습니다. 그럴 때 하나님께서 복을 주십니다.

선교사로 파송 받고 나가자마자 그 나라 언어를 배워서 사역하는 선교사가 있는가 하면, 10년이 되어도 계속 통역하는 사람과 함께 다니는 선교사가 있습니다. 그런데 자기에게 주신 재능으로 온 힘을 다해서 사역하는 선교사와 그렇지 못한 선교사는 사역에 있어서 차이가 날 수밖에 없습니다. 우리는 무엇을 하든지 온 힘을 다해서 노력하고 헌신해서 귀한 사역을 감당할 수 있어야 합니다. 온 힘을 다하라는 것은 상당히 중요한 말씀입니다.

"나를 능하게 하신 그리스도 예수 우리 주께 내가 감사함은 나를 충성되이 여겨 내게 직분을 맡기심이니"_디모데전서 1:12

하나님께서 우리를 충성스럽게 여겨 직분을 맡기셨습니다. 하나님의 일을 하도록 직분을 주시고, 기쁨과 감사와 믿음의 자세로 충성하도록 사명을 부여해 주셨습니다. 그래서 교회 직분은 계급장이 아닙니다. 섬김의 직분이요, 영광스러운 직분입니다. 평신도로 있을 때는 가끔 불평도 하고 부정적인 이야기를 할 수 있습니다. 또 있는 그대로의 감정을 다 표현하고 소리치고 다투고 싸울 수도 있습니다. 그러나 일단 직분을 맡고 제직이 되면 그때부터는 그렇게 해서는 안 됩니다. 하나님의 영광을 위해서, 교회를 섬기기 위해서 하나님께서 세우신 직분자이기 때문입니다.

교회 직분자의 첫 출발점이며 첫 걸음이 집사 직분인데, 집사는 헬라어로 '디아코노스διάκονος'라고 해서 '섬기는 자', '하인' 등과 같은 의미를 담고 있습니다. 그래서 교회에서 집사가 되었다는 것은 교회의 머슴이 되는 것이며, 교회의 하인이 되는 것입니다. 열심히 교회를 섬기며 궂은일은 다 앞장서서 하고 예배가 은혜롭게 되도록 충성을 다하는 직분이 바로 집사 직분입니다.

집사 직분으로 섬기다가 '이제는 종신토록 교회를 위해서 충성하는 일꾼이 되라'는 의미에서 세우는 직분자가 장로입니다. 장로 직분은 아주 영광스러운 직분입니다. 이제는 교회 부흥을 위해서 일생을 바쳐 헌신하는 직분을 받은 것입니다. 장로는 모든 성도의 대표로 세운 직분입니다. 그래서 장로라는 직분자로 인해서 교회가 든든히 서고 부흥하고 하나님의 큰 영광을 나타내게 되는 것입니다.

우리 여의도순복음교회는 무척이나 훌륭한 장로님이 많이 세워져 각 부서에서 충성, 헌신, 봉사하며 교회 모든 행정을 아름답게 이끌고 있고, 각 부서에서 잘 섬겨주어서 교회가 화목하고 부흥하고 성장하고 있습니다. 이 모든 것이 하나님의 은혜입니다. 우리에게 직분을 맡겨주신 분은 우리 주님이시고 주님이 우리에게 원하는 것은 충성이기 때문에 우리는 하나님 앞에서 온 힘을 다하는 삶을 살아가야 합니다.

예수님께서 달란트 비유로 그 맡은 자에게 충성해야 할 것을 가르쳐주셨습니다. 한 주인이 먼 곳을 가면서 세 명의 종에게 각각 다섯 달란트, 두 달란트, 한 달란트를 맡겼습니다. 그런데 다섯 달란트 받은 종은 열심히 일해서 다섯 달란트를 더 남겼고, 또 두 달란트 받은 종도 열심히 일해서 두 달란트를 더 남겼습니다. 그런데 한 달란트 받은 종은 일하지 않고 그 한 달란트를 땅에 파묻어 놓고 놀았습니다. 주인이 돌아와서 이제 그 하인들이 한 일을 보고받고 평가하는데, 다섯 달란트 받고 다섯 달란트를 더 남긴 사람이나 두 달란트 받고 두 달란트 더 남긴 사람 모두 똑같이 칭찬하셨습니다. 우리 모두 주님 앞에 설 때 다섯 달란트와 두 달란트 받은 종과 같이 "잘하였도다. 착하고 충성된 종아!"라는 칭찬을 받아야 합니다.

"그 주인이 이르되 잘하였도다 착하고 충성된 종아 네가 적은 일
에 충성하였으매 내가 많은 것을 네게 맡기리니 네 주인의 즐거움
에 참여할지어다 하고"_마태복음 25:21

그런데 게을러서 한 달란트를 땅에 묻어두고 그저 놀고먹었던
종은 주인으로부터 책망받고 심판을 받았습니다.

"그 주인이 대답하여 이르되 악하고 게으른 종아 나는 심지 않은
데서 거두고 헤치지 않은 데서 모으는 줄로 네가 알았느냐"_마태
복음 25:26

우리는 늘 '하나님 앞에서'의 의식을 가지고 어느 곳에서든지 온
힘을 다하는 삶을 살아야 합니다. 구약의 요셉은 야곱의 아들로
서 아버지의 말씀을 늘 순종하고 맡겨진 일에 온 힘을 다하는 충
성된 자녀였습니다. 그는 형들에 의해 노예로서 팔려 갔지만 노예
로서 그 자리에서 열심히 충성해서 주인에게 인정받았습니다. 그
러나 또 억울하게 누명을 쓰고 모함받고 죄수의 신분으로 감옥에
갔지만 그곳에서도 맡겨진 모든 것에 충성하여서 간수장이 그를
높여 감옥 전체를 돌보게 했습니다. 이후 하나님의 때에 하나님께
서 그를 높이셔서 불과 서른 살 나이에 당시 최대 강대국인 애굽

의 총리대신이 되게 해 주셨습니다. 그는 총리가 되어서도 교만하지 않고 하나님을 위해서 충성하고 헌신하여서 온 애굽 사람과 이방 사람들에게 존경받았습니다.

그렇습니다. 예수님을 믿는 사람은 이렇게 살아야 합니다. 어디를 가든지 충성하고 온 힘을 다하고 헌신함으로 말미암아 인정받아야 합니다. 장차 주님 앞에 설 때 "잘하였도다. 착하고 충성된 종아!"라는 칭찬을 받아야 합니다.

자녀들은 자녀들로서 자녀의 자리에서 충성해야 하고, 부모는 부모의 자리에서, 주부는 주부의 자리에서, 직장인은 직장인의 자리에서, 경영인은 경영인의 자리에서, 전문인은 전문인의 자리에서, 예술인은 예술인의 자리에서 충성해야 합니다. 하나님은 단 한 번도 게으른 사람들에게 복을 주신 적이 없습니다. 성공은 충성하는 사람들에게 주시는 선물입니다.

나이가 많고 적음의 문제가 아닙니다. 우리가 있는 곳에서 우리에게 맡겨주신 일에 온 힘을 다하고 충성하면 그것이 하나님께 인정받는 길이요, 복 받는 길입니다. 모세는 120세까지 충성했습니다.

"또한 모세는 장래에 말할 것을 증언하기 위하여 하나님의 온 집에서 종으로서 신실하였고"_히브리서 3:5

"사람이 마땅히 우리를 그리스도의 일꾼이요 하나님의 비밀을 맡은 자로 여길지어다 그리고 맡은 자들에게 구할 것은 충성이니라"_고린도전서 4:1-2

우리에게 맡기신 하나님의 비밀이 무엇입니까? 예수 그리스도가 구세주가 되신다는 복음의 비밀입니다. 그러므로 우리는 어디를 가든지 무엇을 하든지 이 복음의 비밀을 전해야 합니다. "예수님이 나의 구세주가 되시고, 당신의 구세주가 되십니다. 예수님을 믿을 때 예수님의 은혜로 말미암아 당신의 삶이 변화되고 하나님의 은혜 가운데에서 축복받은 삶을 살게 될 것입니다!"라는 이 귀한 복음을 전해야 합니다.

2017년 8월 17일 제5회 성천상귀감이 되는 의료인에게 주는 상을 91세의 국내 최고령 의사 한원주 권사님이 받았습니다. 소망교회 권사님으로 평생의 3분의 2인 60년의 긴 세월을 의사로, 그중에서도 40년이 넘는 세월을 소외된 이웃을 위해 인술을 베풀며 살아온 귀한 권사님입니다. 한원주 권사님은 3대째 믿는 가정에서 태어났는데 아버님은 독립운동가이며 의사였습니다. 경성여자의학전문대학을 졸업하고 1959년 미국에 유학 가서 인턴과 레지던트 과정을 거쳐 미국 원호병원 등에서 전문의로 근무했고, 한국에 돌아와 1968년 병원을 개원했습니다. 미국에서 공부를 마친 의사가 왔다는 말을 듣고 많은 사람이 몰려왔고 그로 인해 돈을 많이 벌었습니다. 그런데 그 기쁨도 잠시, 1978년 남편이 먼저 세상을 떠났습니다. 하늘이 무너지는 것 같았습니다. 권사님은 이렇게 고백합니다.

"남편이 갑작스레 세상을 떠났어요. 인생의 의미를 잃어버렸어요. 기도해도 '이게 아니잖아요. 하나님, 정말 이럴 수 있습니까'라는 하소연부터 터져 나왔어요. 하지만 그 사건을 통해 '하나님이 왜 나를 의사의 길로 인도하셨을까?'라는 질문을 되짚어보게 만드시더군요. 그때 문득 아버님이 생각났습니다. 아버님은 독립운동가면서 의사였는데 일제 치하에서 병든 사람들을 치료하는 일에 앞장서서 결핵 퇴치 운동, 콜레라 예방 운동, 한센병 환자 돌보기, 형무소에 수감된 환자들 돌보기, 의료시설 없는 두메산골에 무료 진료 등에 모든 노력을 기울이셨던 것이 기억났습니다. 그리고 '이것이 나의 사명이다. 나도 아버지처럼 주변에 돈이 없어 병원에 못 오는 사람, 형편이 어렵고 힘들어서 제대로 치료받지 못한 사람들을 돌보는 삶을 살아야겠다'라고 다짐했습니다. 그래서 그때부터 지금까지 28년 동안 도시 영세민, 노숙자 등 어려운 환자들을 돌

보기 시작했습니다. 어떤 사람에겐 생활비도 지원해 주고 장학금
도 지원해 주었습니다."

한원주 권사님은 82세가 되던 해 또 다른 사명을 맡았습니다.
자신처럼 황혼 앞에 선 환자들을 섬기는 일입니다. 재활 요양 병
원과 종신 계약했습니다. 한원주 권사님은 "나는 이곳 병원에서
서서 일할 수 있을 때까지, 나의 마지막까지 일하다가 세상을 떠나
겠다"라고 말했고 이러한 권사님의 그 귀한 삶이 알려지면서 성천
상을 받게 된 것입니다. 한원주 권사님은 이런 고백을 합니다.
"제가 가진 것을 나누기 위해 의사로서 소임을 다 했을 뿐인데
뜻하지 않게 영예로운 상을 받게 됐습니다. 제가 일할 수 있을 때
까지 하되, 치매 등 질병과 사고 때문에 일할 수 없을 때가 오면
이 병원에 입원하고 여기서 임종할 수 있도록 계약했어요. 아픈
사람들을 고치는 게 제가 할 일이거든요. 그걸 지금까지 할 수 있
다는 게 무척이나 기뻐요. 하나님이 건강을 허락하실 때까지 사명
을 이어가고 싶어요."

얼마나 귀한 모습입니까? 한원주 권사님은 94세인 2020년 9월
30일 소천하시기 전까지 계속 환자들을 돌보셨습니다. 우리도 어
디서 무엇을 하든지 우리에게 맡겨진 사명이 매우 중요하다는 것

을 깨닫고 온 힘을 다해서 감당해야 합니다.

온유

온유Gentleness는 예수님의 성품입니다. 쉽게 말해서 부드러운 성품입니다. 우리 주변을 보면 사납게 보이는 사람이 있습니다. 그러나 우리는 예수님을 믿고 성령충만을 받아서 부드러운 모습으로 바뀌어야 합니다. 성품이 바뀌면 표정도 바뀝니다. 늘 얼굴에 성질이 나 있는 것 같은 사람이 있습니다. 온 세상의 모든 짐은 혼자 다 짊어진 것처럼 늘 심각한 사람이 있습니다. 그러다 보니 얼굴에는 기쁨이 없고 입술에는 감사가 없습니다. 늘 속상하고 짜증난 표정으로 살면 하나님의 은혜가 머물러 있을 수 없습니다.

온유는 이 땅에서 우리가 사는 동안 기본적으로 갖춰야 할 신앙의 덕목이고, 팔복 중의 하나입니다. 온유한 사람이 이 땅에서도 복을 받습니다. 땅을 기업으로 받습니다.

> "온유한 자는 복이 있나니 그들이 땅을 기업으로 받을 것임이요"
> _마태복음 5:5

팔복 중 온유를 제외하고는 다 영적인 축복입니다. 온유만 실질적으로 이 땅에서 복을 받습니다. 온유한 성품을 가진 사람들에게는 물질이 따라옵니다. 물질이 우리를 따라와야지 우리가 물질을 따라가면 안 됩니다. 그러면 평생 물질을 못 잡습니다.

우리는 온유한 성품을 통해 물질이 우리를 따라오게 만들어야 합니다. 예수님을 믿는 사람은 영혼이 잘됨같이 범사도 잘되고 강건해야 합니다 요삼 1:2. 그래야 하나님께서 그것을 통해서 영광을 받으시고 복을 더해 주십니다. 무엇을 하든지 하나님의 은혜 가운데서 잘되어야 하는데 그 출발점이 '나'입니다. '온유한 성품'입니다. 그래서 예수님께서 친히 말씀하셨습니다.

> "나는 마음이 온유하고 겸손하니 나의 멍에를 메고 내게 배우라 그리하면 너희 마음이 쉼을 얻으리니"_마태복음 11:29

예수님은 당신의 마음이 온유하고 겸손하다고 하셨습니다. 그리고 예수님은 "내게 배우라"고 말씀하셨습니다. 예수님을 진정으로 사랑하십니까? 그렇다면 예수님 말씀에 순종해야 합니다. 우리의 마음이 온유하고 겸손해져야 합니다. 자신의 감정을 다 표현하고 살지 말아야 합니다. 소리를 지르고 싶다고 다 지르고 살지 말아야 합니다. 그럴수록 감정을 잘 조절해서 온유한 마음을 가지고 사랑으로 권면하고 품고 대화하면서 아름다운 하모니를 이루어가야 합니다.

어미소와 새끼소가 함께 밭을 가는데, 멍에는 어미소가 메고 새끼소는 어미소 아래서 그냥 따라만 가면 됩니다. 밭은 어미소가 다 갈기 때문에 새끼소는 어미소 밑에서 밭 가는 것을 보고 배우면 됩니다. 그리고 나중에 자라서 자기가 어미소가 되면 자기의 멍에를 메고 새끼소를 자기 아래 놓고 밭을 갈면 됩니다.

우리도 멍에를 메고 밭을 가는 어미소와 새끼소같이 예수님과 함께 세상을 살아갑니다. 예수님이 멍에를 메셨으니 우리는 예수님의 모습을 그대로 본받아야 합니다. 우리가 예수님께 본받아야 할 것이 온유와 겸손입니다.

교회에 온유하고 겸손한 사람이 많으면 그 교회는 저절로 부흥합니다. 사람들이 따뜻한 교회라고 느끼는 곳은 온유한 사람이 많은 교회입니다. 교회가 살벌하다고 느낀다면 그 교회는 온유한 사람이 적다는 뜻입니다.

따뜻한 성품이야말로 하나님의 은혜를 가져다주는 통로가 됩니다. 우리가 온유와 겸손으로 교회를 섬길 때 하나님이 기뻐하시고 주님의 복이 임합니다.

교회에 머리는 예수 그리스도이시며 우리는 예수님의 몸입니다. 우리는 예수님 닮기를 원하고 예수님이 행하신 일을 하기 원하고 예수님처럼 살기 원한다고 하면서 가장 기본적인 온유와 겸손과는 거리가 멀 때가 많습니다. 그러나 우리가 정말 주님 앞에서 온유와 겸손으로 교회를 섬기고 구역을 섬기고 가정을 사랑으로 돌보면 반드시 좋은 일이 일어날 것입니다.

이스라엘 백성이 출애굽 할 때 모세가 광야 길을 가다가 아프리카 구스 여인을 취했습니다. 그러자 형과 누나인 아론과 미리암이 모세를 비방하고 핀잔을 줬습니다 민 12:1-2. 그런데 하나님은 모세를 칭찬하셨습니다.

"이 사람 모세는 온유함이 지면의 모든 사람보다 더하더라"_민수기 12:3

그도 그럴 것이 남자 어른만 60만 명, 여자 어른과 아이들까지 합하면 200~250만 명이 되는 사람이 40년 동안 광야길을 가는데 입만 열면 불평하고 불만을 토로하고 물고 뜯습니다. 한두 사람이 뭐라고 해도 속이 상해서 밥을 먹다가도 체하는데, 250만 명의 사람이 "우리가 죽을 곳이 없어서 여기로 데리고 나왔느냐?", "배고프다. 고기 먹고 싶다"라며 불평과 불만을 하니까 모세가 속이 상해서 잠을 제대로 잘 수 있겠습니까? 노예 생활을 하던 자신들을 이끌어내서 하나님께서 예비하신 축복의 땅으로 가고 있는데 말입니다. 감사만 했다면 열흘이면 갈 수 있는 거리를 불평해서 40년이 걸렸습니다. 그런데 40년을 불평하는 백성의 이야기를 다 들어주고 참으면서 가니까 하나님이 "모세를 비판하지 마라, 너희 지도자를 비판하고 욕하지 마라, 모세는 이 세상 모든 지면 위에 온유한 사람이다"라고 하신 것입니다.

요즘 사람들은 너무나 사나워졌습니다. 사람을 사귀는 것도 잘 사귀어야지 사귀다가 헤어지면 헤어졌다고 폭력을 행사하고 차로 들이박고 칼로 찔러 죽이기도 합니다. 이러한 뉴스를 보면서 가슴이 섬뜩할 때가 많습니다.

예수님을 믿는 사람들이 먼저 달라져서 세상을 변화시켜야 합니다. 우리가 예수님을 믿고 성령충만을 받고 난 후에는 온유해져야 합니다. 온유해지지 않았다면 아직 성령충만을 받은 게 아닙니다. 온유는 부드러움입니다. 이 세상에서 가장 온유하신 분은 예수님입니다. 이 땅에 오셔서 그렇게 핍박받고 욕을 먹고 고난 당해도 늘 온유함으로 참고 견디고 이기셨습니다.

"그가 곤욕을 당하여 괴로울 때에도 그의 입을 열지 아니하였음

이여 마치 도수장으로 끌려 가는 어린 양과 털 깎는 자 앞에서 잠
잠한 양 같이 그의 입을 열지 아니하였도다"_이사야 53:7

당신을 공격하는 사람들을 사랑으로 포용하셨고 십자가에 못
박은 사람들까지 용서하셨습니다.

"이에 예수께서 이르시되 아버지 저들을 사하여 주옵소서 자기들
이 하는 것을 알지 못함이니이다 하시더라"_누가복음 23:34

"내가 붙드는 나의 종, 내 마음에 기뻐하는 자 곧 내가 택한 사람
을 보라 내가 나의 영을 그에게 주었은즉 그가 이방에 정의를 베
풀리라 그는 외치지 아니하며 목소리를 높이지 아니하며 그 소리
를 거리에 들리게 하지 아니하며 상한 갈대를 꺾지 아니하며 꺼져
가는 등불을 끄지 아니하고 진실로 정의를 시행할 것이며"_이사
야 42:1-3

고함치고 소리 지른다고 문제가 해결되는 것은 아닌데 사람들은
목소리가 크면 자기의 뜻이 이루어진다고 생각하는 경우가 종종
있습니다. 그것은 잘못된 것입니다. 목소리를 높인다고 해서 그것
이 통과되고 떼거지처럼 모여서 소리친다고 문제가 해결되는 것은

아닙니다. 그리스도인은 그 반대로 해야 합니다. 소리쳐야 할 때 소리치지 아니하고 온유함으로 감정을 다스려야 합니다. 우리를 대적하는 사람들을 사랑으로 품을 때 하나님의 은혜가 임합니다.

「뉴욕 타임스」 최장기 베스트셀러였고 천만 권이 넘게 팔린 책이 있습니다. 49개국 언어로 번역된 게리 채프먼Gary Demonte Chapman의 『5가지 사랑의 언어』입니다. 이 책에서 온유에 대해 이렇게 설명합니다.

'사랑은 온유하다. 우리는 사랑의 감정을 말로 전달하고 싶으면 온유한 말을 써야 한다. 온유한 말투로 해야 한다. 우리의 배우자는 우리가 사용하는 말보다는 그 어투로 내용을 이해한다. 같은 말이라도 크고 거칠게 표현하면, 그것은 사랑의 표현이 아니라 비난하고 정죄하는 표현이 될 것이다. 솔로몬은 '유순한 대답은 분노를 쉽게 하여도'잠 15:1라고 했다. 배우자가 몹시 화가 나서 말을 함부로 할 때라도 당신이 그를 계속 사랑하기를 원한다면, 더 열을 내며 화를 부추길 것이 아니라 부드러운 말을 해야 할 것이다.'

우리는 기억해야 합니다. 상대방이 거친 말을 하고 목청을 높여 소리를 질러도 우리는 목소리를 낮춰야 합니다. 마음속으로 '할렐루야. 할렐루야'를 외치고 마음을 가라앉히고 얼굴에 미소를 띠고 웃으면서 "아, 그래요"라고 하고, 상대방의 소리가 크면 소리를 더 작게 해야 합니다. 상대방에게 잘 안 들릴 정도로 "그러셨어요"라고 하면 그 사람도 갑자기 소리가 작아지게 될 것입니다. 감정을 똑같이 다 표현하며 싸워봐야 마음이 편치가 않습니다. 밥 먹어도 제대로 소화가 안 되고 감정만 나빠집니다.

우리는 온유해야 합니다. 온유하면 마음이 평화로워지고 여유가 생깁니다. 온유하면 용서할 수 있는 마음이 생겨납니다.

"유순한 대답은 분노를 쉬게 하여도 과격한 말은 노를 격동하느니라"_잠언 15:1

온유한 사람이 많은 땅을 차지합니다.

"그러나 온유한 자들은 땅을 차지하며 풍성한 화평으로 즐거워하리로다"_시편 37:11

이삭은 참으로 온유한 사람이었습니다. 그가 농사를 지어서 백 배를 얻으니까 블레셋 사람들이 그 집을 시기하고 질투해서 공격해 왔습니다. 애써 땅을 파 우물을 만들었더니 우물을 빼앗아 갔습니다. 당시 물이 귀했습니다. 물을 얻기 위해서 땅을 많이 파야 했습니다. 한 번 파서 물이 나오는 것이 아니라 여러 곳을 파야 그 중 한 곳에서 물이 나왔습니다. 그런데 그렇게 어렵게 파서 얻은 우물을 빼앗아 갔습니다. 하지만 이삭은 다투지 않았습니다. 다른 곳으로 옮겨서 또 우물을 팠고 물이 나왔습니다. 그런데 이번에도 또 달려와서 그 우물을 빼앗습니다. 이삭은 여전히 싸우지 않고 그 우물을 양보했습니다. 하인들이 말했습니다.

"아니, 저 사람들 왜 저렇게 무례하게 구나요? 그리고 주인님은 왜 그렇게 참으십니까?"

"아니다. 원하면 주고 우리가 또 가서 파면된다."

이삭이 다른 곳으로 가서 또 땅을 팠더니 이번에도 물이 나왔습니다. 그제야 블레셋 사람들이 알았습니다. '아, 저 사람은 하나님이 함께하는 사람이구나. 저 사람은 가는 곳마다 물줄기가 따라다니는구나. 이젠 그만 괴롭히자.'

> "이삭이 거기서 옮겨 다른 우물을 팠더니 그들이 다투지 아니하였으므로 그 이름을 르호봇이라 하여 이르되 이제는 여호와께서 우리를 위하여 넓게 하셨으니 이 땅에서 우리가 번성하리로다 하였더라" _창세기 26:22

이처럼 넉넉한 마음, 온유한 마음, 너그러운 마음을 우리가 갖고 살아야 합니다. 지금까지 그렇게 살지 못했더라도 오늘 이 시간부터 그렇게 살기로 결심해야 합니다. 여유 있고 너그러운 마음을 가지고 사랑을 베풀며 살면 인생이 행복해집니다. 아름다워집니다. 멋있는 인생으로 변화됩니다.

절제

절제는 영어로 '셀프 콘트롤Self-control'입니다. 즉 자신을 잘 조절하는 것입니다. 우리는 특별히 마음을 잘 다스려야 합니다.

> "자기의 마음을 제어하지 아니하는 자는 성읍이 무너지고 성벽이 없는 것과 같으니라"_잠언 25:28

마음이 무너지면 다 무너집니다. 그러므로 마음을 잘 절제해야 합니다. 자동차를 운전하는 사람이 스피드 내고 싶은 마음을 절제하지 못하고 액셀러레이터를 막 밟으면 속도위반으로 티켓도 끊거나 사고를 내서 많은 어려움을 당하게 됩니다. 그러므로 우리는 모든 일에 절제해야 합니다.

특별히 운동선수들은 얼마나 절제를 잘하는지 모릅니다. 먹고 싶은 것도 몸 관리를 위해서 먹지 않고, 쉬고 싶어도 체력을 기르기 위해서 계속 훈련합니다. 잠자는 것이나 먹는 것 등 모든 것을 다 절제합니다. 또 늘 건강한 정신을 유지할 수 있도록 노력합니다. 골프 선수는 정신이 무너지면 다 무너지기 때문에 늘 긍정적인 생각을 가지고 공을 친다고 합니다.

기독교인은 운동선수보다 더 절제해야 합니다. 하나님의 복 받은 자녀들이기 때문에 감정 표현을 하고 싶은 대로 다 하고, 소리 지르고 싶다고 다 지르고, 싸우고 싶다고 다 싸우면 안 됩니다. 그것은 절제하지 못하는 사람들의 모습입니다.

베드로후서 1장에 경건에 이르는 여덟 단계가 나옵니다. 그중에 절제에 관한 말씀입니다.

"지식에 절제를, 절제에 인내를, 인내에 경건을"_베드로후서 1:6

절제는 자기를 잘 다스리는 것입니다. 특히 자기 마음을 잘 다스려야 합니다.

"자기의 마음을 제어하지 아니하는 자는 성읍이 무너지고 성벽이 없는 것과 같으니라"_잠언 25:28

이 잠언 말씀에 영향을 받아서 만들어진 한자성어가 '수신제가치국평천하修身齊家治國平天下'라고 생각됩니다. 몸과 마음을 잘 다스리고 마음을 수양하고 가정을 잘 다스릴 때 나라를 다스리고 세계를 얻을 수 있는 것입니다. 제일 먼저 '수신修身'은 몸과 마음입니다. '제가齊家'는 가정을 잘 돌보고 안정시키는 것입니다. '치국治國' 그래야 나라를 다스릴 수 있고, '평천하平天下' 천하를, 세계를 평정할 수 있게 되는 것입니다. 출발은 마음에 모든 것을 잘 다스릴 수 있는 절제의 은혜가 있어야 합니다.

> "이기기를 다투는 자마다 모든 일에 절제하나니 그들은 썩을 승리자의 관을 얻고자 하되 우리는 썩지 아니할 것을 얻고자 하노라" _고린도전서 9:25

큰일을 하기 원하면 먼저 자기 자신을 잘 다스려야 합니다. 앞에서도 언급했지만, 모세는 모든 사람보다 온유함이 가장 뛰어나다고 칭찬을 받았습니다. 그런데 단 한 번 가데스 바네아에서 이스라엘 백성이 "이 곳에는 파종할 곳이 없고 무화과도 없고 포도도 없고 석류도 없고 마실 물도 없도다"민 20:5라고 불평했을 때 마음을 다스리지 못했습니다. 하나님은 "너희는 반석에게 명령하여 물을 내라 하라 네가 그 반석이 물을 내게 하여 회중과 그들의 짐승에게 마시게 할지니라"민 20:8고 말씀하셨는데, 모세는 "반역한 너희여 들으라 우리가 너희를 위하여 이 반석에서 물을 내랴"민 20:10 말하며 지팡이로 반석을 두 번 친 것입니다. 모세가 하나님의 말씀처럼 '반석아! 물을 내라'고 명했으면 물이 나왔을 텐데 그러지 않은 것입니다. 가나안 입구까지 와서 물이 없다고, 목마르다고 불평하는 이스라엘 백성을 향해서 화가 난 것입니다. 그때 물론 물은 터져 나왔지만, 하나님께서 모세에게 "너희가 나를 믿지 아니하고 이스라엘 자손의 목전에서 내 거룩함을 나타내지 아니한 고로 너희는 이 회중을 내가 그들에게 준 땅으로 인도하여 들이지 못하리라"민 20:12라고 말씀하셨습니다.

안타깝게도 하나님의 영광을 나타내지 아니하고 인간의 모습을 나타낸 모세는 가나안 앞까지 가서 가나안은 볼 수 있겠지만, 들어갈 수는 없었습니다. 그러므로 우리가 주님의 일을 할 때 절제하지 못해서 큰일을 하려다가 실수를 하게 되고 문제를 만드는 일이 없게 되길 바랍니다. 자기 마음을 다스릴 줄 아는 사람이 진정한 크리스천입니다. 지도자가 되는 모습 중 하나가 자기 마음을 다스리는 것입니다.

예전에 읽었던 아주 재미난 이야기가 생각납니다. 돼지들이 모여서 하나님 앞에 인간을 고발했습니다.

"하나님, 사람들은 먹을 것을 절제하지 못하는 사람을 가리켜서 '돼지처럼 먹는다'고 하는데 우리 돼지는 위에 70~80%가 차면 아무리 좋은 것이나 맛있는 것을 갖다 놔도 절대로 먹지 않습니다. 우리 돼지는 과식하는 법이 없답니다. 돼지가 많이 먹어서 배탈 났다는 이야기를 들어본 적이 있나요? 그런데 인간은 자기들이 절제하지 못하고서는 '돼지같이 먹는다'라고 하면서 우리를 모독하고 있습니다."

이 예화를 통해 실제로 우리 인간이 절제하지 못하면서 그렇게 절제를 잘하는 동물을 예로 들며 '돼지처럼 먹는다'라고 표현 한 것이 참으로 부끄럽다는 생각이 들었습니다.

하나님께서 우리에게 주신 은혜 가운데 하나가 절제입니다. 우리는 모든 면에서 절제해야 합니다. 감정도 절제하고 삶의 모습도 절제해야 합니다. 한국은 음식물 쓰레기가 너무나 많이 나와서 그것을 다 처치하지 못한다고 합니다. 대천덕 신부님과 함께 식사한 적이 있는데 옆에 있는 사람이 음식을 많이 남기니까 한 말씀을 하셨습니다.

"음식을 남기지 마세요. 먹을 것이 없어 죽어가는 많은 사람이 있습니다. 음식을 많이 남기고 버리는 것도 죄입니다."

대천덕 신부님은 평소에는 싫은 소리를 잘 안 하시는 분인데 음식을 남기는 것 보고는 한 말씀 하신 것입니다. 맞습니다. 음식을 남기지 말아야 합니다. 특별히 뷔페에 가면 음식을 잔뜩 가져다가 절반 이상을 남기는 사람들이 있습니다. 그러면 절대 안 됩니다. 먹을 만큼만 조금씩 가져다 먹어야 합니다. 음식을 절제하지 못하는 것은 문제입니다. 예수님을 믿는 사람들이 범사에 절제를 잘해야 합니다. 그래서 하나님 앞에서 인정받고 사람 앞에서 칭찬받는 주님의 귀한 일꾼이 되어야 합니다.

톨스토이Lev Nikolayevich Tolstoy의 『사람은 무엇으로 사는가』에 보면 '사람에게는 어느 만큼의 땅이 필요한가?'라는 이야기가 있습니다. 그 주인공 바흠이라고 하는 사람은 농부로서 늘 넓은 땅을 갖길 소원했습니다. '내 원 없이 넓은 땅을 가지고 농사를 지어봤으면 좋겠다'라고 생각했습니다. 그런데 소문이 들려왔습니다. 어느 고장에 가면 원하는 대로 땅을 준다는 것이었습니다. 그래서 그곳에 가봤더니 그 성주가 말하기를 하루 동안에 다녀올 수 있는 만큼 다녀오면 그 온 땅을 천 루블에 준다는 것입니다. 신이 난 농부는 다음 날 아침 일찍 동이 트자마자 그곳에 가서 "제가 이제 원하는 땅을 갖기 위해서 다녀오겠습니다"라고 말하고 출발점에서 나서려고 할 때, 그 성주가 말했습니다. "그 대신 조건이 하나

있습니다. 해지기 전에 이 자리로 돌아와야 합니다." 농부는 알겠다고 말하고는 해지기 전까지 한 걸음이라도 더 많이 가서 반환점을 돌아오기 위해 가고 또 가고 또 갔습니다. 해를 바라보면서 해가 중천에서 넘어가면 다시 돌아가야 하니까 더는 갈 수 없을 때까지 달려 갔습니다. 그리고는 다시 돌아와서 출발점을 향해 열심히 걸었습니다. 그런데 출발점을 간신히 들어와 '탁!' 치고서는 쓰러졌습니다. 가까이 가보니 그 농부는 피를 토하고 심장마비로 죽었습니다. 그의 하인이 그곳에 땅을 파고 묻어 주었는데 그가 얻은 땅은 여섯 자였습니다. 1미터 80센티미터 사이즈의 관이 들어가는 그 땅밖에 못 얻었습니다. 절제하지 못하는 우리 인생의 모습을 보여준 것입니다.

"욕심이 잉태한즉 죄를 낳고 죄가 장성한즉 사망을 낳느니라"_야고보서 1:15

"내가 이르노니 너희는 성령을 따라 행하라 그리하면 육체의 욕심을 이루지 아니하리라"_갈라디아서 5:16

우리는 철저하게 자신을 절제하고 훈련해서 하나님 앞에서 인정받고 사람 앞에 존귀함을 받는 자가 되어야 합니다.

1. 충성 ────────

충성Faithfulness이란 말의 헬라어는 '피스티스πίστις'인데 이는 '믿음, 신실함'의 의미가 담겨있습니다. 다시 말해, 충성이라는 말의 의미는 하나님 앞에서 우리가 믿음으로 최선의 모습을 나타내는 것, 하나님께 인정받는 모습으로 살아가는 것입니다. 어디를 가든지 충성하고 온 힘을 다하고 헌신함으로 말미암아 인정받아야 합니다. 장차 주님 앞에 설 때 "잘하였도다. 착하고 충성된 종아!"라는 칭찬을 받아야 합니다.

2. 온유 ────────

온유Gentleness는 예수님의 성품입니다. 쉽게 말해서 부드러운 성품입니다. 우리 주변을 보면 사납게 보이는 사람이 있습니다. 그러나 우리는 예수님을 믿고 성령충만을 받아서 부드러운 모습으로 바뀌어야 합니다. 성품이 바뀌면 표정도 바뀝니다. 온유는 이 땅에서 사는 동안 기본적으로 갖춰야 할 신앙의 덕목이고, 팔복 중의 하나입니다. 온유한 사람이 이 땅에서도 복을 받습니다. 땅을 기업으로 받습니다. 팔복 중 온유를 제외하고는 다 영적인 축복입니다. 온유만 실질적으로 이 땅에서 복을 받습니다.

3. 절제

    절제는 영어로 '셀프 콘트롤Self-control'입니다. 즉 자신을 잘 조절하는 것입니다. 우리는 특별히 마음을 잘 다스려야 합니다. 마음이 무너지면 다 무너집니다. 그러므로 마음을 잘 절제해야 합니다. 자동차를 운전하는 사람이 스피드 내고 싶은 마음을 절제하지 못하고 액셀러레이터를 막 밟으면 속도위반으로 티켓도 끊거나 사고를 내서 많은 어려움을 당하게 됩니다. 그러므로 우리는 모든 일에 절제해야 합니다.

Chapter 10

성령과 선교

예수께서 또 이르시되 너희에게 평강이 있을지어다
아버지께서 나를 보내신 것 같이 나도 너희를 보내노라
이 말씀을 하시고 그들을 향하사
숨을 내쉬며 이르시되 성령을 받으라"
요한복음 20:21-22

Chapter

10

성령과 선교

성령은 선교의 영입니다. 성령님은 우리에게 오셔서 예수님의 일
을 하게 하십니다. 예수님을 닮아 가게 하시고, 우리가 만난 예수
님을 이웃에게 전하게 하십니다. 우리가 성령충만하게 되면 우리
의 속사람이 예수님의 모습을 닮아 가게 되고, 우리의 겉사람의
모습은 예수님을 전하는 귀한 일꾼으로 쓰임 받게 되는 것입니다.
성령충만을 받지 않으면 절대로 제대로 전도할 수가 없습니다. 그
이유는 한 영혼을 살리는 것에는 그만큼 담대함이 있어야 하기 때
문입니다. 다른 이야기는 잘하는데 예수님을 믿으라는 말을 하기
가 참으로 힘든 것입니다. 평소에는 몇 시간씩 말을 잘하는 사람
이 전도하려고 하면 입이 막혀서 가만히 있는 경우가 많이 있습

니다. 하지만 복음을 전하는 일은 예수님의 절대 지상 명령이라는 것을 반드시 기억해야 합니다.

> "오직 성령이 너희에게 임하시면 너희가 권능을 받고 예루살렘과 온 유대와 사마리아와 땅 끝까지 이르러 내 증인이 되리라 하시니라"_사도행전 1:8

예수 그리스도의 절대 지상 명령

예수 그리스도의 절대 지상 명령의 대표적인 말씀이 마태복음 28장에 있습니다.

> "예수께서 나아와 말씀하여 이르시되 하늘과 땅의 모든 권세를 내게 주셨으니 그러므로 너희는 가서 모든 민족을 제자로 삼아 아버지와 아들과 성령의 이름으로 세례침례를 베풀고 내가 너희에게 분부한 모든 것을 가르쳐 지키게 하라 볼지어다 내가 세상 끝날까지 너희와 항상 함께 있으리라 하시니라"_마태복음 28:18-20

이것이 예수님의 절대 지상 명령이고 마지막으로 분부하신 말씀입니다. 사람이 죽기 전에 유언을 남기는데 복음전파는 예수님의 유언과도 같습니다. 우리가 꼭 담당해야 할 중요한 말씀이며 사명이고 우리의 존재 의미입니다.

"또 이르시되 너희는 온 천하에 다니며 만민에게 복음을 전파하라"_마가복음 16:15

"또 그의 이름으로 죄 사함을 받게 하는 회개가 예루살렘에서 시작하여 모든 족속에게 전파될 것이 기록되었으니 너희는 이 모든 일의 증인이라"_누가복음 24:47-48

군선교를 하고 군목을 파송하는 열 개의 교단이 있는데 약 250명의 군목을 파송해서 한국에 60만 장병을 섬기고 있습니다. 최근에 각 교단 대표들과 군선교 이사장 김삼환 목사님, 그밖에 군선교 관련된 분들이 모여서 '2030 비전'에 대해 의논한 적이 있습니다. 2030 비전이란 '매년 10만 명의 군인들을 예수 믿게 해서 2030년까지 100만 명 영적 군사를 만든다' 입니다.

우리 대한민국이 새롭게 변화되려면 젊은이들이 변화되는 길밖에 없습니다. 나이 많은 사람이 했던 좋은 경험을 젊은이들에게 물려주고, 젊은이들은 그 경험을 바탕으로 더 멋진 세상을 만들어 가야 하는데 이때 우리가 젊은이들에게 전해야 할 가장 중요한 것이 바로 '예수 그리스도가 우리의 구세주가 되시고, 예수님 안에서 우리가 모든 것을 은혜로 받아 누리면서 주님의 영광을 위해서 살 수 있다는 것'입니다. 복음을 전하는 것보다 더 중요한 것이 없기 때문입니다.

늦은 나이에도 예수님을 믿고 구원받는 것도 귀한 일입니다. 그런데 젊을 때 예수님을 믿으면 그 인생이 얼마나 복 받는 인생이 되겠습니까? 이왕이면 하루라도 더 빨리 예수님을 믿어서 그들이 다시 자신이 만난 예수님을 다른 사람들에게 전해야 합니다.

그날 제 옆쪽에 참모총장을 지낸 권오성 장로님이 앉으셨는데, 다음과 같이 간증하셨습니다.

"목사님, 제가 소령 때 군선교를 통해서 전도하는 분으로 인해 예수님을 믿고 이렇게 장로가 되었습니다. 제가 군에 있을 때 예수님을 믿지 않았더라면 저는 평생 예수님을 모르고 제 마음대로 살았을 것입니다. 우리 집은 전통적인 유교 집안이라 사돈에 팔촌까지 예수님을 믿는 사람이 한 사람도 없었습니다. 그런데 하나님이 저를 이 군선교, 군복음화를 통해서 예수님을 믿게 하셨고 오늘날 장로가 되게 하셨습니다."

그러면서 계속해서 말씀을 이어 가셨습니다.

"요즘 어느 교회나 특새특별 새벽기도회를 하는데 참 감사한 것은 저에게 손자가 셋이 있는데, 셋이 다 매일 같이 새벽기도를 갑니다. 어린 녀석들인데도 얼마나 교회를 사랑하고 예수님을 사랑하는지, 엄마에게 자기들이 안 일어나면 일어날 때까지 꼭 깨워서 교회에 데려가야 한다고 말하는 것입니다."

그렇게 권 장로님의 손자 셋이 특새를 하루도 빠지지 않고 다녀와서는 할아버지에게 자랑한다는 것입니다. 더 놀라운 것은 아이들에게 용돈을 주면 그것을 차곡차곡 모았다가 헌금을 한다고 합니다. 그 어린아이가 작년 성탄절 때는 50만 원을 하나님 앞에 드렸다고 합니다. 그동안 하나도 쓰지 않고 모아 놓은 용돈을 고스란히 다 드린 것입니다. 그래서 권 장로님이 손주들에게 왜 그렇게 헌금을 했냐고 물었더니 "예수님이 나를 위해서 이 땅에 오신 것이 감사해서 감사헌금을 드렸어요"라고 했답니다. 이 얼마나 대단합니까! 어린아이들이 예수님을 믿으면 이렇게 변화됩니다. 그런데 그러한 역사가 바로 할아버지가 소령 때 군대에서 군선교를 통해서 예수님을 믿고 참모총장까지 되고 장로님이 되셨기 때문에 가능한 것입니다. 손자들 자랑을 하며 간증하던 장로님의 얼굴이 얼마나 기쁨이 넘쳤는지 모릅니다.

성령의 권능이 함께하는 선교

선교는 우리의 능력으로는 할 수 없습니다. 성령의 능력이 함께 해야 가능합니다. 예수님께서 부활절 저녁에 제자들에게 오셔서 다음과 같이 말씀하셨습니다.

> "예수께서 또 이르시되 너희에게 평강이 있을지어다 아버지께서 나를 보내신 것 같이 나도 너희를 보내노라 이 말씀을 하시고 그들을 향하사 숨을 내쉬며 이르시되 성령을 받으라"_요한복음 20:21-22

예수님은 제자들에게 선교의 사명을 주셨습니다. 그리고 그 사명을 감당하기 위해서 성령을 받으라고 말씀하셨습니다. 성령의 능력을 받으라고 말씀하셨습니다.

> "너희는 이 모든 일의 증인이라 볼지어다 내가 내 아버지께서 약속하신 것을 너희에게 보내리니 너희는 위로부터 능력으로 입혀질 때까지 이 성에 머물라 하시니라"_누가복음 24:48-49

예수님은 제자들에게 성령충만함을 받을 때까지 그곳에 머물렀

다가 성령충만을 받으면 복음의 증인이 되라고 하셨습니다.

우리가 한 명 전도하는 것은 기본입니다. 두 명, 열 명, 더 나아가 50명, 100명까지 전도할 수 있어야 합니다. 저희 어머니는 성령받고 난 후 하신 일이 복음전도밖에 없었습니다. 어머니는 1년에 100~150명은 꼭 전도하셨습니다. 성령 받은 것이 무척이나 기쁘셨기에 가만히 계실 수 없으셨다고 합니다. 그래서 늘 나가서 복음을 전하셨습니다. 아버님 회사에 가셔서 거래처 사장님들이 오면 전도하셨는데 그분들이 예수님을 믿고 지금은 다 원로장로님이 되셨습니다. 성령 받고 나니 복음전하는 것 말고는 더 큰 기쁨이 없고, 더 귀중한 것이 없다는 것을 알게 된 것입니다.

성령이 임하시면 예수님의 영이 임하기 때문에 예수님을 만방에 전하는 복음의 증인으로 바뀌게 됩니다. 그러한 열정이 없다면 우리는 아직 성령충만하지 못한 것입니다. 만일 지금 성령충만하지 않다면 반드시 성령충만을 받아서 위대한 복음증거의 역사를 이루어야 합니다. 충만한 성령의 능력으로 예수님의 마지막 지상 명령인 복음증거 사역을 잘 감당해야 합니다.

"하나님이 나사렛 예수에게 성령과 능력을 기름 붓듯 하셨으매 그가 두루 다니시며 선한 일을 행하시고 마귀에게 눌린 모든 사람을 고치셨으니 이는 하나님이 함께 하셨음이라"_사도행전 10:38

여의도순복음교회는 처음 출발할 때부터 '주님 오실 날이 멀지 않았으니 열심히 복음을 전하자. 전 세계를 복음화 하자'라는 것이 핵심 목표였습니다. 성령 운동이 가장 핵심적인 내용이었습니다. 우리는 성령 받고 복음을 전해야 합니다. 지금은 코로나19와 같은 전염병으로 겁먹고 주저앉아 있을 때가 아닙니다. 앞으로 어떠한 전염병이 우리의 삶을 뒤흔들어 놓을지 알 수 없습니다. 이럴 때일수록 모든 수단과 방법을 동원해서 복음을 전해야 합니다. 인터넷을 통해서, 문자를 통해서, 유튜브를 통해서, 요즘 나오는 메타버스를 통해서 복음을 전해야 합니다. 때를 얻든지 못 얻든지 복음을 전해야 합니다.

"너는 말씀을 전파하라 때를 얻든지 못 얻든지 항상 힘쓰라 범사에 오래 참음과 가르침으로 경책하며 경계하며 권하라"_디모데후서 4:2

안디옥 교회의 파송을 받은 바울과 바나바는 본격적으로 선교 사역을 시작했습니다. 아무리 강조해도 지나치지 않는 것이 있습니다. 바로 교회의 존재 목적인 선교입니다. 교회의 사명은 땅끝까지 복음을 전하는 것입니다.

> "두 사람이 성령의 보내심을 받아 실루기아에 내려가 거기서 배 타고 구브로에 가서"_사도행전 13:4

예수님의 지상 명령을 수행하기 위해서는 교회의 모든 역량을 선교에 집중해야 합니다. 선교는 하나님 나라를 이 땅 가운데 확장하는 것입니다. 하나님의 뜻이 하늘에서 이뤄진 것같이 땅에서도 이뤄지도록 하는 사역이 바로 선교입니다. 당장 눈앞에 있는 현실적인 문제에 얽매여 선교에 소홀하면 안 됩니다. 선교는 교회와 성도들 삶의 최우선순위가 되어야 합니다. 그럴 때 하나님의 복이 임합니다.

여의도순복음교회가 오늘날 이렇게 놀라운 부흥을 이루게 된 것은 대조동에서, 서대문에서, 여의도에 이르기까지 모두가 성령 충만받고 복음의 증인이 되었기 때문입니다. 생각해 보면 대조동 천막 교회에 누가 찾아오겠습니까? 성령님이 임해서 복음을 전했기 때문에 사람들이 찾아오고 몰려온 것입니다. 성령의 역사로 서대문 로터리를 가득 채우게 된 것입니다. 또 성령의 역사로 여의도

허허벌판에 세워진 교회에 많은 사람이 교통의 불편함을 뚫고 찾아온 것입니다. 성령의 역사로 80만 성도가 모여 세계 최대의 교회를 이루게 된 것입니다.

복음을 전할 때 하나님의 축복이 임합니다. 복음을 전할 때 우리의 영혼이 잘됨 같이 범사가 잘되며 강건하게 되는 은혜와 축복이 임합니다. 그러므로 우리가 가장 먼저 해야 할 일은 복음을 전하는 것입니다. 십자가 복음을 전하는 것이 우리의 사명이며 존재 목적입니다.

"그런즉 너희는 먼저 그의 나라와 그의 의를 구하라 그리하면 이 모든 것을 너희에게 더하시리라"_마태복음 6:33

선교하지 않는 교회는 죽은 교회입니다. 살아있는 교회만이 선교의 열정으로 뜨겁고, 선교에 헌신할 수 있습니다. 교회는 선교할 때 참 교회가 됩니다. 또한 모든 성도는 한 사람도 빠짐없이 나가는 선교사가 되든지 보내는 선교사가 되어야 합니다. 선교사를 후원하고 선교 사역에 동참하는 것이 바로 주님을 섬기고 주님의 사역에 함께하는 것입니다. 복음을 위해 헌신하는 선교사들을 섬기는 것이 주님을 섬기는 것입니다. 나가는 선교사가 되지 못했을지라도 이미 나가있는 선교사들을 후원함으로써 보내는 선교사로 주의 일에 동참해야 합니다.

21세기 교회는 선교 지향적 교회, 성령충만한 교회가 되어야 합니다. 주님께서 오실 날이 심히 가까이 왔습니다. 그러므로 우리는 더욱 힘써 복음을 전하며 살아야 합니다. 복음을 전파하는 일에 정해진 때는 없습니다. 매 순간 복음을 전파해야 하고 어디에서든 복음을 전해야 합니다. 우리 삶이 복음전파의 삶이 되어야 하고 선교의 삶이 되어야 합니다.

"또 이르시되 너희는 온 천하에 다니며 만민에게 복음을 전파하라"_마가복음 16:15

우리가 선교라는 주의 일에 힘쓸 때 주님이 우리의 삶을 책임져 주시고 교회 위에 복을 내려주시고 부흥을 허락해 주실 것입니다. 마지막 때 주님이 다시 오시는 그날에 칭찬받는 성도, 칭찬받는 교회가 되려면 복음을 위해, 선교를 위해 살아야 합니다.

여의도순복음교회의 해외선교 역사는 1964년 조용기 목사님이 미국 하나님의성회 교단 창립 50주년 기념식에 한국 하나님의성회 대표 자격으로 초청받아 가시면서 시작되었습니다. 조용기 목사님은 2개월간 미국 전역을 순회하며 말씀을 전했습니다. 그리고 본격적인 선교사 파송은 60년대 이후 해외로 이민 가기 시작한 우리 교회 성도들이 현지에 목회자를 보내달라고 요청하면서 시작되었습니다. 최초의 선교사 파송은 1971년 12월에 박여호수아 장로님으로 미국에 파송된 이후 목사 안수를 받고 샌프란시스코에 교회를 세웠습니다. 그 당시 선교사 파송에 대한 기록을 보면 이런 내용이 있습니다.

1970년대 우리 교회는 당시 모든 가정에서 선교사가 한 사람씩 나와야 한다는 분위기가 고조되어 갔습니다. 그즈음 해외 교민이 있는 곳곳에서 여의도순복음교회의 교역자를 선교사로 보내 달라고 편지를 보내왔습니다. 놀라운 것은 파송된 선교사 중 누구도 "안 간다. 힘들다"라는 말을 하지 않았습니다. 오히려 조용기 목사님께서 가라고 하시면 뽑힌 것을 더 영광스럽게 생각했습니다.

이렇게 시작된 여의도순복음교회의 선교 사역은 현재 총 63개국에 661명의 선교사가 있으며, 1,152개의 교회를 세웠습니다. 942명의 현지인 제자를 양성했고 해외 성도_{현지인 포함}가 총 13만 367명이 되었습니다. 이렇듯 복음을 전할 때 놀라운 하나님의 은혜의 역사가 시작되는 것입니다.

몇 년 전 선교대회를 앞두고 3주 동안 여의도순복음교회에서 파송했던 선교사님들이 새벽에 말씀을 전한 적이 있었습니다. 매일매일 새벽예배가 은혜로 가득했습니다. 그 가운데 한 선교사님의 간증입니다. 그 선교사님은 예수님을 믿는 사람이 한 사람도 없는 인도 어느 마을에 가서 교회를 세우고 새벽기도를 시작했습니다. 얼마나 부르짖으며 기도했는지 온 동네 사람을 다 깨울 정도였습니다. 동네 사람들은 어느 집에 사람이 죽어서 이렇게 부르짖으며 운다고 생각했습니다. 그들의 귀에 "주여! 주여!"라는 외침이 "아이고! 아이고!"라는 소리로 들렸던 것입니다. 이렇게 오해받으면서도 선교사님은 새벽마다 부르짖어 하나님께 매달려 기도했습니다. 그 결과 예수님을 믿는 사람이 한 사람도 없던 동네에 하나님의 은혜로 많은 사람이 교회에 몰려오고 예수님을 믿게 되었습니다.

기도하는 종을 당할 사람이 없습니다. 기도하는 주님의 백성을 당할 사람이 없습니다. 기도하는 교회를 당할 권세가 없습니다. 우리가 주님 앞에 엎드려 기도하면 기적은 일어납니다. 축복은 다 가옵니다. 놀라운 부흥의 역사가 일어납니다. 그러므로 안디옥 교회처럼 주님 오시는 그날까지 늘 성령으로 충만하고 기도에 힘써야 합니다. 주의 복음을 온 세계에 전함으로 하나님의 영광을 드러내는 주님의 교회가 되어야 합니다. 늘 성령충만한 기도의 용사가 되어서 가는 곳마다 주의 복음을 전하는 삶을 살아야 합니다.

부흥의 역사를 주도하는 사람

성령충만의 역사가 나타나면 부흥이 일어납니다. 우리는 그러한 부흥을 주도하는 사람이 되어야 합니다.

> "두 해 동안 이같이 하니 아시아에 사는 자는 유대인이나 헬라인이나 다 주의 말씀을 듣더라"_사도행전 19:10

사도 바울이 두란노 서원에서 2년 동안 날마다 말씀을 강론하며 복음을 증거하자 에베소를 중심으로 주변 지역 소아시아까지 복음이 확산되어 부흥하였고 놀라운 기적들이 나타났습니다.

> "하나님이 바울의 손으로 놀라운 능력을 행하게 하시니 심지어 사람들이 바울의 몸에서 손수건이나 앞치마를 가져다가 병든 사람에게 얹으면 그 병이 떠나고 악귀도 나가더라"_사도행전 19:11-12

이 기적이 성령의 역사임을 깨달은 수많은 사람이 예수님의 이름 앞에 회개하며 주께로 돌아왔습니다행 19:17-18. 심지어 마술사들이 마술책을 태워버리며 회개했는데 그 책값이 은 5만이나 되는 양이었습니다행 19:19. 이는 당시 화폐로 계산하면 약 140명의 노동자 1년 품삯에 해당하는 양으로 오늘날 약 40억 원의 가치를 지닙니다. 에베소가 복음으로 뒤덮이자 우상숭배의 도시가 하나님의 말씀으로 흥왕하는 복음의 도시로 변화되었던 것입니다. 성령의 능력은 개인과 교회와 나라의 운명을 바꾸어 놓습니다.

「CBS 새롭게 하소서」에 출연하여 간증한 신용원 목사님마약중독자 재활공동체 대표은 홀어머니 밑에서 가난하게 자랐습니다. 그는 열여덟 살 때 "용원이같이 가난하고 아버지 없는 애와는 어울리지 말아라"는 친구 어머니의 날 선 한마디에 마음에 상처를 받아 가출하여 폭력조직에 몸담았습니다. 군대에서도 적응하지 못해 왼쪽 검지를 자르고 불명예제대를 했고, 대마초에 필로폰까지 하여 결국 지명수배자로 4년간 도피 생활을 했습니다.

경찰 수사망에 쫓긴 그는 경기도의 한 기도원에 숨어 빨랫줄로 목을 매 죽으려는 순간 독실한 기독교 신자였던 어머니가 "사람은 하나님의 은혜를 받아야 살 수 있단다"라고 했던 말이 생각나 그 자리에서 울부짖으며 기도했습니다. 그때 갑자기 몸에 뜨거운 불이 떨어지면서 성령이 임했고 입에서 방언이 흘러나왔습니다. 그 경험은 필로폰보다 열 배는 더 황홀한 경험이었다고 합니다. 성령을 받은 후, 그는 자수하여 죗값을 치르고 출소해 신학을 공부하고 목사가 되었습니다. 그리고 교도소를 찾아다니며 자신과 같은 처지에 놓인 사람들을 돕기 시작했습니다. 신용원 목사님은 이렇게 고백합니다.

"성령의 충만함을 통해 새롭게 되자 제 삶의 목표가 하나님을 위한 삶으로 변화되었습니다. 예수님이 고아와 과부 그리고 병든 자와 함께하셨듯이 저는 사회적 약자로 살아갈 수밖에 없는 사람들을 위해 일할 것입니다."

이처럼 성령으로 충만하여 새롭게 변화되면 복음을 전하며 부흥의 역사를 주도하는 사람이 됩니다.

브루스 올슨Bruce Olson 선교사는 모틸론족의 이야기를 듣고 대학을 중퇴한 후 열아홉 살에 복음을 들고 밀림으로 들어갔습니다. 모틸론족은 400년 동안 외부인이 전혀 접근할 수 없었던 콜롬비아 정글에 사는 부족으로 사람도 쉽게 죽이는 위험한 부족이었습니다. 브루스 올슨 선교사는 온갖 죽을 고비를 다 넘기고 모틸론족을 만났습니다. 하지만 포로로 잡혀 채찍에 맞고 화살과 창에 찔리기도 했습니다. 외로움과 배고픔, 죽음에 이를 정도의 병에 걸리는 등 말로 표현하기 힘든 고난을 당해야 했습니다. 그러나 끊임없는 노력 끝에 모틸론족과 함께 살 수 있게 되었습니다. 그리고 브루스 올슨 선교사를 통해 복음을 받아들인 모틸론족은 예수님을 닮아 가는 삶으로 변화되었습니다. 가장 포악했던 한 부족이 가장 핵심적인 복음전파자로 변화된 것입니다. 하지만 이렇게 되기까지 브루스 올슨의 사역은 절대 쉽지 않았습니다. 때로는 반군에게 납치되고 끊임없는 암살 협박에 시달려야 했습니다. 그러나 그곳을 떠나지 않고 40년 동안 모틸론족과 함께 살아가고 있습니다. 한 기자의 인터뷰에서 브루스 올슨 선교사는 이렇게 고백했습니다.

"저 혼자서는 결코 이곳에 오지 못했을 것입니다. 저 혼자서는 온갖 문제들, 끝없는 외로움, 위험과 싸워서 이겨 내지 못했을 것입니다. 하나님의 강하고 결정적인 임재를 경험하지 못했더라면 집을 떠나는 것조차 하지 못했을 것입니다."

선교는 우리의 힘으로는 할 수 있는 것이 아닙니다. 성령의 임재를 통해 예수님의 권세로 이 모든 일을 감당할 수 있습니다. 따라서 우리는 성령의 임재를 구해야 합니다. 선교의 주체는 성령이십니다. 복음은 예루살렘의 120명이 성령을 받은 사건으로부터 시작해서 세계 땅 끝까지 퍼져나갔습니다. 성령을 받지 못하면 선교를 할 수 없습니다. 성령이 임해야 가능합니다. 주님께서 우리에게 이렇게 말씀하십니다.

> "오직 성령이 너희에게 임하시면 너희가 권능을 받고 예루살렘과
> 온 유대와 사마리아와 땅 끝까지 이르러 내 증인이 되리라 하시니
> 라"_사도행전 1:8

그렇습니다. 선교는 성령의 능력으로 하는 것입니다. 그러므로 우리는 성령으로 충만함을 받아 예수 그리스도의 권세를 의지하여 복음을 전해야 합니다. 세상에 나아가서 복음을 전하는 제자들에게 예수님께서 다시 오실 때까지 함께하시겠다고 약속하셨습니다.

> "내가 너희에게 분부한 모든 것을 가르쳐 지키게 하라 볼지어다
> 내가 세상 끝날까지 너희와 항상 함께 있으리라 하시니라"_마태
> 복음 28:20

세상 끝날까지 함께하신다는 약속의 말씀은 제자들의 믿음과 사역을 계승한 우리 모두에게 주시는 약속의 말씀입니다. 또한 주님은 승천하신 후에 보혜사 성령을 보내사 영원토록 제자들과 함께하실 것을 약속하셨습니다.

"내가 아버지께 구하겠으니 그가 또 다른 보혜사를 너희에게 주사 영원토록 너희와 함께 있게 하리니" _요한복음 14:16

예수님께서는 성령으로 제자들과 함께하셨고, 어떠한 위험 속에서도 그들을 보호하셨습니다. 사도 바울도 복음을 전하면서 수없이 고난을 겪었지만 하나님께서 함께하심을 믿고 이렇게 외쳤습니다.

"그런즉 이 일에 대하여 우리가 무슨 말 하리요 만일 하나님이 우리를 위하시면 누가 우리를 대적하리요" _로마서 8:31

우리가 세상을 향해 복음을 들고 갈 때 환난과 핍박을 당할 수 있으나, 그 가운데 성령님께서 함께하심을 기억해야 합니다. 모든 것은 다 변하지만 하나님의 약속은 영원토록 변치 않습니다.

"예수 그리스도는 어제나 오늘이나 영원토록 동일하시니라" _히브리서 13:8

캄보디아의 프놈펜 외곽에 위치한 따뜰락 빈민촌에서 복음을 전하는 이소망 선교사님은 예수님께 자신의 인생을 맡기기로 하고 1996년 캄보디아로 향했습니다. 그는 당시 심정을 이렇게 고백했습니다.

"질병과 기아, 킬링필드의 나라. 왜 하나님께서 이곳으로 부르셨는지 알 수 없었습니다. 하지만 그 어떤 땅이라도 주님이 저와 동행하신다는 것을 믿었습니다."

이소망 선교사님은 주님이 보내신 캄보디아에서 복음으로 그 땅을 일구었습니다. 그리하여 캄보디아에서 가장 척박했던 따뜰락 빈민촌은 축복의 땅으로 변화되었습니다. 그는 자신의 책 『따뜰락 빈민촌의 행복한 선생님』에서 이렇게 고백했습니다.

'하나님께서 독생자 예수님을 이 세상으로 외출시키셨듯이 우리도 복음을 들고 거룩한 외출을 준비해야 합니다. 누군가 복음의 소리를 들을 수 있도록 말입니다.'

우리는 담대한 믿음을 가지고 예수님의 피 묻은 십자가의 복음을 땅 끝까지 전해야 합니다. 귀한 사명을 감당할 때 많은 핍박과 어려움이 다가와도 걱정하지 말아야 합니다. 성령이 우리와 함께하시고 우리를 사랑으로 붙드시고 인도해 주시기 때문에 "땅 끝까지 이르러 내 증인이 되리라"행 1:8는 귀한 사명을 감당할 수 있습니다. 이 귀한 사명을 마음에 품고 주님 오시는 날까지 충성하여 하나님이 가장 기뻐하시는 복음의 증인이 되어야 합니다.

1. 예수 그리스도의 절대 지상 명령 _____

예수 그리스도의 절대 지상 명령의 대표적인 말씀이 있습니다. "너희는 가서 모든 민족을 제자로 삼아 아버지와 아들과 성령의 이름으로 세례침례를 베풀고 내가 너희에게 분부한 모든 것을 가르쳐 지키게 하라"마 28:19-20 이 말씀은 예수님의 절대 지상 명령이고 마지막으로 분부하신 말씀입니다. 사람이 죽기 전에 유언을 남기는데 복음전파는 예수님의 유언과도 같습니다. 우리가 꼭 담당해야 할 중요한 말씀이며 사명이고 우리의 존재 의미입니다.

2. 성령의 권능이 함께하는 선교 _____

선교는 우리의 능력으로는 할 수 없습니다. 성령의 능력이 함께해야 가능합니다. 예수님은 제자들에게 선교의 사명을 주셨습니다. 그리고 그 사명을 감당하기 위해서 성령을 받으라고 말씀하셨습니다. 성령의 능력을 받으라고 말씀하셨습니다. 성령충만함을 받을 때까지 그곳에 머물렀다가 성령충만을 받으면 나가서 복음의 증인이 되라고 말씀하신 것입니다.

3. 부흥의 역사를 주도하는 사람 _____

성령충만의 역사가 나타나면 부흥이 일어납니다. 우리는 그러한 부흥을 주도하는 사람이 되어야 합니다. 우리는 담대한 믿음을 가지고 예수님의 피 묻은 십자가의 복음을 땅 끝까지 전해야 합니다. 귀한 사명을 감당할 때 많은 핍박과 어려움이 다가와도 걱정하지 말아야 합니다. 성령이 우리와 함께하시고 사랑으로 붙드시고 인도해 주시기 때문에 '땅 끝까지 이르러 복음의 증인이 되라'는 귀한 사명을 감당할 수 있습니다.

MEMO

오직 성령으로

Only by the Holy Spirit

초판 1쇄 발행 | 2022년 6월 13일
초판 8쇄 발행 | 2022년 9월 30일

지 은 이 | 이영훈
편 집 인 | 김영석
펴 낸 곳 | 교회성장연구소

등록번호 | 제 12-177호
주   소 | 서울시 영등포구 은행로 59 영산복지센터 4층
전   화 | 02-2036-7936
팩   스 | 02-2036-7910
홈페이지 | www.pastor21.net

I S B N | 978-89-8304-337-5 03230

"무슨 일을 하든지 마음을 다하여 주께 하듯 하라" 골 3:23

교회성장연구소는 한국 모든 교회가 건강한 교회성장을 이루어 하나님 나라에 영광을 돌리는 일꾼으로 성장하는 것을 목표로, 목회자의 사역은 물론 성도들의 영적 성장을 도울 수 있는 필독서를 출간하고 있다. 주를 섬기는 사명감을 바탕으로 모든 사역의 시작과 끝을 기도로 임하며 사람 중심이 아닌 하나님 중심으로 경영한다. "무슨 일을 하든지 마음을 다하여 주께 하듯 하라"는 말씀을 늘 마음에 새겨 하나님께서 주신 사명을 기쁨으로 감당한다.